그리스도가 들려준 신부 이야기

그리스도가 들려준 신부 이야기

2020년 5월 14일 초판 발행

지은이 조이엘
펴낸이 조금현
펴낸곳 도서출판 산지
주소 서울시 서초구 방배중앙로 83, 302
전화 02-6954-1272
팩스 0504-134-1294
이메일 sanjibook@hanmail.net
등록번호 제018-000148호

ⓒ조이엘, 2020
ISBN 979-11-964365-7-5 03230

이 도서의 국립중앙도서관 출판예정도서목록(CIP)은 서지정보유통지원시스템 홈페이지(http://
seoji.nl.go.kr)와 국가자료종합목록 구축시스템(http://kolis-net.nl.go.kr)에서 이용하실 수 있습
니다. (CIP제어번호 : CIP2020018435)

그리스도가 들려준
신부 이야기

조이엘 지음

산지

한국교회에 널리 읽힐 영성의 책

이은규 박사/ 전 안양대학교 총장, 미주대한신학 명예총장

조이엘(JoyEL) 목사는 사모로서 10년 전에 목사가 되어서 5년 넘는 기간 목회자 세미나를 인도하고 있는 실력 있고, 영성 있는 강사입니다.

우연한 기회에 조이엘 목사를 알게 되었고, 가부장적인 목사 사모로서, 남성 중심의 교계에서의 여성사역자로서 어려운 상황들에 관한 것을 듣게 되었습니다. 그러한 조이엘 목사가 어떠한 비전(vision)을 가지고 사역을 하고 있는지도 알게 되었습니다.

조이엘 목사는 성경을 아주 많이 읽은, 성경에 능통할 뿐만 아니라 원어(히브리어)에도 밝은 지성과 영성을 겸비한 목회자입니다.

이런 조이엘 목사가 자신이 하나님의 은혜로 깨달은 말씀과 자신의 삶 속에서 체험한 이야기로 아주 귀한 책을 출판합니다.

여성 목회자가 써서 여성신학 관점에서 쓰인 책도 아니고, 종말론적인 책도 아닙니다. 더욱이 이 책은 일반적인 자서전도 아니고 학

문적인 저서도 아닙니다.

저자는 그리스도의 신부는 모든 믿는 신자들(남성과 여성 모두)이고 교회들이라고 말합니다. 씨를 가지신 분은 그리스도이고, 씨를 받아야 하는 사람들이 신자들이라고 이야기합니다. 이 씨는 복음을 의미한다고 합니다.

신자는 그리스도의 복음의 씨를 받아 잉태하여 출산해야 한다고 합니다. 우리가 일반적으로 이해하는 여성과 남성이 아니라 모든 신자들은 여성이라고 저자는 이야기합니다. 때문에 신자들은 잉태와 해산의 고통을 감수하는 여성인 그리스도의 신부로서 살아가야 한다고 저자는 외칩니다.

구속사의 관점에서 성경은 아담과 하와의 결혼으로 시작하고 어린양 혼인잔치로 끝난다고 합니다. 여성 목회자로서 모든 신자들이 여성의 정체성, 신부의 사명, 그리고 사라의 영성을 깨닫기 바라는 마음이 이 책에 담겨 있습니다.

이 책의 좋은 점은 깊은 묵상을 하게 합니다. 이 책은 영성으로 쓰여진 책입니다. 목회자들이 읽어서 그리스도의 신부로서 교인들의 정체성과 교회의 정체성 회복에 큰 기여를 할 필독서라고 생각합니다. 귀한 책이 한국교회 교인들에게 널리 읽히길 바라서 기쁘게 추천합니다.

기독교의 보편가치를 위해 쓰임 받는 책이 되기를

양명수 / 이화여대 기독교학과 교수

조이엘 목사는 신학대학원 다닐 때에 신비의 인물이었습니다. 언제나 조용히 수업에 들어와서 수업 끝나면 조용히 사라졌습니다. 말을 거의 하지 않았으며 누구하고도 교통이 없었습니다.

그러나 그가 이제 목사 안수를 받고 왕성한 활동을 한다니 신기하고 감사합니다. 아마도 그의 내면에 하나님이 심어 놓으신 어떤 에너지가 있었던 모양입니다. 그것을 사람들이 어떻게 알았겠습니까.

모세도 40년 동안 양을 치며 거의 침묵 속에서 지낸 후에 쓰임받았습니다. 조이엘 목사의 침묵은 하나님의 말씀을 전하기 위한 정화의 기간이었을지 모릅니다.

아무쪼록 사람을 위로하는 정제된 진리의 말씀을 전하는 목사의 역할을 잘 감당하기 바랍니다.

기독교의 믿음은 언제나 사랑으로 귀결됩니다. 초대교회의 교부 아우구스티누스는 말하기를 사탄에게 없는 것은 믿음이 아니라 사랑이라고 했습니다. 그렇게 교부들은 기독교의 정체성을 사랑에서 찾았습니다. 사랑으로 역사하는 믿음입니다.

조이엘 목사의 이 책을 통한 사역도 사람을 자유롭게 하고 그리스도 안에서 자신의 가치를 회복하게 하여 세상에 사랑을 전하는 능력이 있기를 바랍니다.

조이엘 목사의 여러 가지 신앙 경험이 자유와 사랑이라고 하는 기독교의 보편가치를 위해 쓰임 받기를 바라며 이 책을 추천하는 바입니다.

마음에 사모함이 있기에

김명수 / 평강교회 담임목사, 저자 조이엘 목사 남편

나는 내가 원치 않아도 바보, 미련한 팔불출이 되야만 합니다. 그러나 지금 불쾌하거나 심령이 상하지는 않습니다. 다만 내가 남편으로 나타나지만 않으면 좋겠습니다

남편이 아내의 출판물에 추천서라니... 그러나 책을 슬쩍 부담스럽게 접하게 되니 은혜가 부르시고, 또 기름부음을 주시고, 신부가 되고 싶다는 마음이 됩니다.

마음에 사모함이 있기에,

또 한 번 팔불출이 되어 이 책을 추천합니다.

성경은 원작자이신 하나님의 의도를 아는 것

저는 여성으로 태어나 주님의 부르심에 따라 2012년에 목사가 되었습니다. 10년 전 목사사모로서 여성들을 대상으로 중보기도 세미나를 시작하였고, 지금은 5년 넘게 목사로서 목회자 세미나를 인도하고 있습니다.

저의 남편 목사님은 저에겐 영적 안내자이자 스승입니다. 그러나 가부장의 권위가 강했습니다. 경상도 출신으로 전통적 유교 집안에서 성장해 여자를 무시하는 경향이 있었습니다. 저와 나이 터울이 많아 세대 차이를 느껴야 했습니다.

게다가 결혼할 당시 저는 초신자인 상태에서 사모가 되었습니다. 성경에 관해, 사모로서 교회생활에 대해 어두울 수밖에 없었습니다. 당연히 가정에서든 교회에서든 심리적 압박감에 억눌려 살아야 했습니다.

그럼에도 하나님의 은혜로 목사로 기름부음을 받았습니다. 지금은 상황이 많이 좋아졌지만, 당시 교계는 남자 목사님들 위주로 이루어져 있었습니다.

제가 강단에서 말씀을 전하자, 주위 시선이 곱지 않았습니다. 여자는 강단에서 설교하면 안 된다, 세미나를 해서도 곤란하다는 식이었습니다.

초창기 제 세미나에 참석하는 남자 목사님들을 조롱하며 참석치 못하게 하는 일이 많았습니다.

"왜 여자 목사 세미나에 가는가? 한심하다. 조이엘 목사 외모 보러 가는 거 아니냐."

저를 향한 핍박과 모욕도 잦았습니다. 이루 말할 수 없는 내면의 깊은 상처를 받았습니다. 왜 나는 여성으로 태어났는가. 여성으로 어떻게 살아야 하는가. 여성이기 때문에 목회자로, 사명자로 살아가야 하는 장애에 대해 깊이 생각했습니다.

오랫동안 여성으로서의 한 맺힌 인생을 살고 있을 때, 주님은 저를 찾아와 주셨습니다. 정말 신기하게도 주님이 말씀으로 완전히 변화시키셨습니다. 한 맺힌 서러움을 한없는 기쁨으로 바꾸시는 역전의 드라마가 펼쳐졌습니다.

특히, 주님은 성경에 나오는 여성들을 향한 하나님의 놀라운 계획과 뜻을 알게 해 주셨습니다. 창세기 첫 번째 나오는 여성인 하와로부터 저의 영적 소경의 눈을 뜨게 해주셨습니다.

하와는 선악과를 먹어 인류 전체의 불행과 저주의 발단이 되었습니다. 그로 인해 모든 비난을 받았습니다. 하지만 그 속에 하나님의 놀라운 계획과 모사가 숨겨져 있었습니다. 영적 전쟁에서 사탄을 물리치고 어둠의 왕국을 초토화시킬 놀라운 전략이었습니다. 이 모든 것이 원래 시나리오로 작정된 거였음을 알게 되었습니다.

저는 영적세계의 비밀이 하나씩 열려지는 흥분 속에서 성경 연구를 시작했습니다.

성경에서 여성은 상징으로써 이해되어야 합니다. 문자적으로만 보면 신체적, 생물학적인 여성으로만 보입니다. 그러나 그 안에는 수많은 상징과 암시가 숨겨져 있습니다.

영적으로 예수 그리스도는 다시 오실 때 신랑 '남성형'입니다. 교회, 신부는 '여성형'으로 주님과 결혼하게 됩니다. 이것이 성경의 원리요, 결론입니다.

성경에 숨겨진 수많은 메타포를 풀다보면, 이 세상을 향한 하나님의 큰 그림을 볼 수 있습니다. 그리고 우리가 어떻게 창조의 목적대로 살아갈 수 있을지를 알게 됩니다.

그러나 이 메타포를 어떻게 풀 수 있을까?

인간의 상상력과 추리력으로 풀어가는 것이 아닙니다. 인간의 지식으로 풀 수도 없고, 무리하게 추론을 해서도 안 됩니다.

오직 그 비밀을 푸는 열쇠는 성경에 있습니다.

성경 곳곳에 숨겨져 있는 하나님의 말씀에 답이 있습니다. 그리고 그 열쇠를 찾아내기 위해서는 성령님의 도우심이 있어야 합니다.

저는 성경학자는 아닙니다. 그러나 감사하게도, 성령님의 인도하심에 따라 말씀을 해석하는 은사를 받았습니다. 따라서 내 지식이 아닌, 하나님이 부어주시는 지혜로 알게 된 비밀이었습니다.

성경은 성령의 감동으로 쓰인 책으로, 원작자 하나님의 뜻과 의도를 반드시 알아야 합니다. 예수 그리스도의 신부로서, 교회로서, 어린양의 혼인잔치에 들어가는 자들로서 반드시 알아야 합니다.

더불어 하나님의 구속사에서 여성에게 부여한 의미들을 알아야 합니다. 하나님의 뜻을 깨달아, 마지막 시대에 우리를 통하여 하시고자 하는 일들을 감당해야 합니다.

저는 이 책을 통해 세 가지를 말하려고 합니다.

첫째, 여성의 정체성입니다.

여성이 어떻게 지어졌고 어떤 존재로 만들어졌는가.

여성의 돕는 배필이라는 왜곡된 의미가 성경을 통해 밝혀지길 바랍니다. 돕는 배필의 의미가 여성이 남성에 비해 열등한 존재, 보조적인 위치를 가진 존재라는 의미가 아닙니다. 그 이상의 의미가 있습니다.

단지 남녀평등을 뜻하지 않습니다. 여성은 하나님의 동역자로, 감탄을 받을 만한 존재로 지음을 받았습니다.

더욱 놀라운 사실로, 하와의 범죄는 인류의 구속사와 연관됩니다. 단순히 하와가 범죄를 하여 타락케 된 죄의 역사를 말하는 바가 아닙니다. 예수 그리스도의 구속사 계획 속에 여성의 존재가 당당히 들어 있습니다.

그동안 여성은 사회에서 무시당하고 소외받으며 살아왔습니다. 하나님이 마지막 때 남성으로부터 짓밟혀온 여성의 존재를 다시 회복시키시기를 원하십니다.

근래에는 여성에 대한 인식이 달라졌습니다. 여성상위 시대라는 단어까지 나오게 되었습니다. 그러나 안타깝게도 외연적인 변화에 머물 때가 많습니다. 여전히 여성의 존재를 성적 대상으로 여기거나 여성을 상품화하는 일들이 비일비재한 현실입니다.

하나님이 반드시 여성들의 고통과 한을 모두 풀어 주실 것입니다. 아름다운 세마포를 입혀 왕후의 존귀한 자리로 올리실 것입니다. 예수님의 신부들을 천년왕국으로 데려가신다는 놀라운 계획이 있으심을, 성경을 통해서 알 수 있습니다.

둘째, 신부의 사명입니다.

신부의 의미와 더불어 그 사명에 대한 이야기입니다.

물론 여기서 신부는 꼭 신체적으로 구별된 여성을 의미하진 않습니다. 남성도 신부입니다. 신랑 예수님을 제외한 우리는 모두 신부입니다.

그 신부가 예수님과 연합하여 새 예루살렘성에 들어가야만 합니다. 마귀를 대적하여 세상 마지막 날에 승전가를 불러야 하는 것이 신부된 우리의 사명입니다.

신부의 요건은 생명을 잉태하는 자이어야 합니다. 히브리어로 남성(자칼)은 씨를 가진 자이고, 여성(네케바)은 자궁을 가진 자라는 뜻이 있습니다.

오직 한 분 남성이신 예수 그리스도의 씨를 받아 여성의 자궁에서 생명을 잉태하는 자가 신부입니다. 그 신부는 마지막 때 예수님과 연합하여 신부군대로 이 땅을 심판하는 일을 하게 될 것입니다.

셋째, 사라의 영성입니다.

사라에 관한 말씀은 분명합니다. 마지막 때에 하나님 나라의 백성을 만드시기 위하여 감춰두신 계시의 말씀입니다. 그 계획과 비밀은 정말 원대하고 무한하고 깊고 경이롭습니다.

창세기 12장, 20장의 아브라함과 아내 사라에 대해 살펴보며 저는 놀라운 사실을 알게 되었습니다. 마지막 때 여성을 쓰시는 하나님의 전략과 비밀이었습니다.

많은 설교자들이 아브라함과 사라의 이야기를 부부관계 관점에서 설명합니다. 그러나 결코 단순한 이야기가 아닙니다. 전체 인류 역사에 해당되는 생명창조의 이야기입니다.

기독교는 종교가 아닌 생명입니다.

성경 속 여성들은 하나님의 생명을 만들어서 그 생명을 통하여 하나님 나라를 이루고자 하는 것입니다.

신부와 신랑은 에로스적인 사랑의 관계로 끝나지 않습니다. 하나님께서는 영적생명을 낳기를 원하십니다. 그 생명은 곧 약속의 아들들입니다.

대부분 사람들은 아브라함을 주인공으로 알고 있습니다. 그러나 핵심은 다른 곳에 있습니다. 여성인 사라를 통해 하나님이 일하셨다는 사실입니다.

아브라함이 비록 아내인 사라를 왕들에게 팔았습니다. 그러나 사라의 연고로 반전의 역사가 일어납니다.

아비멜렉의 가축들에서부터 여종, 왕비의 모든 태의 문이 닫혔습니다. 사라의 연고로 하나님이 아브라함에게 능력을 주셨습니다. 나아가 아브라함에게 기도의 사람이 되게 하시고, 영권을 주시고, 지혜와 계시의 영을 부어주셨습니다.

아브라함에게 성령의 능력과 권능을 허락하여 주시므로 기도하는 사람이 되어 태의 문들이 열렸습니다. 다시 말해, 생명을 낳게 되는 영계의 흐름을 바꾸는 자로 만드셨다는 것입니다.

결국 그 키(열쇠)는 누가 가지고 있을까요?

바로 사라, 또한 이 시대에 사라인 저와 여러분인 것입니다.

이 책을 통해 밝혀질 '사라의 연고로~'로 표현된 성경의 말씀을 통해, 하나님께서 사라에게 얼마나 엄청난 권세를 주셨는지 알게 될 것입니다. 이것이 하나님께서 여성에게 주신 능력입니다.

모든 여성은 사라입니다. 사라에게 주신 능력과 권세를 소유하는 여성이 되어야 할 것입니다.

에덴동산에서 최초의 여성인 하와가 죄를 짓게 되므로 사탄과의 전쟁이 시작되었습니다. 그 영적 전쟁에서 하나님이 마지막 때 교회(신부)를 선택하시고 쓰시게 됩니다.

이제 그 마지막 때 천국의 문을 여는 다윗의 열쇠가 "사라의 연고로"입니다. 그 이유는 바로 죄의 문제는 그 죄를 지은 자가 해결해야 하기 때문입니다.

그동안 부족한 종에게 주시는 말씀을 세미나에 오신 분들에게 선포했습니다. 놀라운 변화들이 일어났습니다. 이 변화의 감격을 공간적 한계를 넘어 전해야 한다는 조언을 많이 받았습니다. 그러므로 수많은 크리스천들을 깨우고 준비시키는 사명감으로 이 책을 쓰게 되었습니다.

저는 소망합니다.

이 책을 통하여 하나님께서 여성인 하와로부터 죄가 들어와 이 세상의 왕권이 사탄에게 넘어간 것을(요12:31에 사탄을 이 세상 임금이라 말함) 다시 되찾고 하나님 나라로 변화시키시길.

또한 간절히 소망합니다.

타락한 인간의 본성을 예수 그리스도의 보혈과 생명, 진리의 말씀으로 회복시켜주시어 하나님의 모양과 형상으로 회복되길.

마침내 새 창조를 통한 새 세상과 새 역사를 이루어 나갈 것을 믿습니다.

이 책이 출간되기까지 참 많은 분들의 헌신과 섬김이 있었습니다.

하나님께서 저를 주의 종으로 부르시고, 책을 쓸 것이고 출판될 것이라고 감동을 주셨습니다. 주님께서 주신 말씀대로 이렇게 실제로 책을 쓰고 출간하게 된 것은 실로 믿어지지 않는 놀라운 기적입니다.

책이 나오려면 여러 조건이 부합되어야 합니다. 글을 쓸 줄 아는 문필력, 경제적인 문제, 출판사 등등 저는 잘 모르지만 상당한 절차가 있어야 하기에 감히 생각도 못한 일이었습니다.

그러나 2019년 가을, 주님께서 어느 천사분을 보내시어 우리나라 최고 베스트셀러 작가이신 조창인 작가님을 연결해주시고 지도를 받도록 해주셨습니다.

그동안 주님께서는 저에게 성경만 보게 하셨습니다. 이상하게 다른 책은 아무리 읽으려고 해도 몇 장 넘어가기가 힘들고 도무지 읽어지지가 않았습니다. 예수님 믿기 전에는 책도 많이 읽고 또 많이 읽으려고 노력했었는데 말입니다.

초신자인 제가 사모가 되었을 때, 성경을 매일 10장씩 읽겠다고 서원을 하였습니다. 남편 목사님께서 성경을 읽을 때 어떤 주석도, 참고도서도 보지 말고 성령님의 지혜와 계시의 영만 구하고 읽으라 하셨습니다. 그래서인지 다른 책들은 읽히지도 써지지도 않았습니다.

주님께서 저를 훈련하실 때, 원고 없이 성령이 말하게 하심을 따라 말씀을 선포하고 증거하며 설교하게 하셨습니다.

일주일에 두 번 이상, 전국 목회자 세미나를 원고 없이 몇 시간씩 설교하였습니다. 오히려 적고 준비하면 말이 꼬이고 허둥대고, 종이에 적은 것이 하나도 안 보이는 황당한 일들이 생기곤 했습니다.

신기한 일은 말씀을 전하는 동안 제가 평소에 알지 못했던 말씀의 해석을 성령께서 주시는 경우가 많았습니다. 설교하면서 제 자신이 놀라고 은혜받기가 한두 번이 아니었습니다. 너무나 중요한 성경의 의미와 비밀들을 깨닫게 해주시는데 제가 다 기억을 못합니다.

그 내용들을 글로 적어야 자료가 될 것 같아 서둘러 책을 집필하게 되었습니다.

먼저 저의 선교단체 온라인상의 총팀장님이신 이혜숙 목사님과 58방 기도방 팀장님, 서샬롬 전도사님, 저희 평강교회 송사라 권사님, 영적 딸인 박새리 자매님, 피아니스트 유미영 자매님께 감사드립니다.

300용사세계 선교회 사무총장 노요한 목사님 외 모든 임원님들의 헌신에도 감사합니다.

또한 사랑하는 남편 목사님, 아들들과 며느리, 가족들의 희생과 헌신에 진심으로 감사합니다.

이 책이 출간되도록 여러 면으로 도움을 주신 이샤론 권사님, 책을 쓰도록 지도해 주신 존경하는 조창인 작가님, 김진미 대표님께 감사드립니다.

여러 군대의 왕들이 도망하고 도망하니 집에 있던 여자들도 탈취물을 영적 전쟁에 나가서 승리하면 전쟁에 나가서 이긴 자와 동일하게 동역해주신 모든 분들도 하늘의 상급과 면류관을 받게 될 줄로 믿습니다.

2020. 5. 조이엘 목사

C.o.n.t.e.n.t.s

Chapter 1.

여성은 하나님의 감탄사 '잇샤(와우)'다

Chapter 2.

사래(나의 공주)에서
사라(열국의 어미)가 된 나의 인생

Chapter 3.

성경은 예수 그리스도와 신부의 결혼 이야기

Chapter 4.

사라의 비밀을 알면 하늘의 권세가 임한다

Chapter 1.

여성은 하나님의 감탄사
'잇샤(와우)'다

'창조된 인간'이 있고
'지으신 인간'이 있다

인류 역사에서 죄의 발단은 여성으로부터 시작되었다.

창세기 2장에서 뱀이 하와를 유혹했다. 하와가 그 유혹을 받아들였기 때문에 인류 전체에 죄가 들어왔다. 그로 인해 인간은 죄악 중에 멸망당할 수밖에 없었다. 이로부터 여성의 존재는 죄의 시작이며 죄의 근원이고 죄를 받아들인 원흉으로 지탄받는 대상이 되었다.

성경을 모르는 문화 속에서도 여성은 남성 중심의 가부장 제도에 의해 억압받고 수모를 겪으며 살아야 했다. 여성의 가치는 비하되고 무시당하고 억눌려 살 수밖에 없었다. 이러한 역사로 여성에 관한 해석의 오류와 편견과 오해의 악순환 속에 있었다.

하나님께서 하와로 하여금 에덴동산에서 마귀 사탄인 옛뱀에게 넘어가게 하셨다. 여자인 하와가 범죄를 저질렀고, 이로 인해 수천 년 동안 여성비하로 이어졌다.

왜 그러셨을까?

남자인 아담이 아니라 왜 여자인 하와였을까?

아담과 하와의 창조 역사에는 큰 비밀이 있다. 바로 예수 그리스도를 통한 인류의 구속사가 창조의 사건에 담겨져 있는 것이다. 창세기에 나타난 창조의 역사를 보면 하나님의 구원 계획이 처음부터 숨겨져 있음을 알게 된다. 성경을 꿰뚫고 있는 구속사에는 여성의 존재에 대한 해석도 함께 담겨 있다.

먼저 창조의 과정을 보자.

> 하나님이 자기 형상 곧 하나님의 형상대로 사람을 창조하시되 남자와
> 여자를 창조하시고 _창1:27

창세기 1장에서는 첫째 날, 둘째 날 계속해서 창조의 사건이 이어진다. 그리고 여섯째 날 하나님이 마침내 사람을, 남자와 여자를 창조하신다.

간과해선 안 될 사실이 있다. 이때의 창조는 아담과 하와의 이야기가 아니다. 남자와 여자를 동시에 창조하신 것이다. 창세기 1장에 나오는 남자와 여자는 '쟈칼'과 '네케바'다. 이것은 남성과 여성, 성을 말한다. 숫컷과 암컷. 이 여성과 남성은 창조다. 히브리말로 '바라'(창조)다.

창세기 2장에서 비로소 아담과 하와를 만드신 사건이 나온다. 아담은 흙을 가지고 만드신다. 그리고 코에 생기를 넣어 주셔서 아담이 탄생했다.

여호와 하나님이 땅의 흙으로 사람을 지으시고 생기를 그 코에 불어넣으시니 사람이 생령이 되니라 _창2:7

여기서 지으시다는 다른 말로 만드시다이다.

창조는 재료가 없는 것이다. 그냥 '있어라!' 하면 무에서 유가 되는 것이다. '지으시다, 만들다'는 '앗사'라는 말이다. '바라'(창조)와는 다른 것으로, 어떤 재료가 있는 것이다. '땅의 흙'은 티끌, 곧 '아파르'이다. 흙을 가지고 아담을 만드셨다.

사실 아담은 사람이라는 뜻이다. 히브리어로 '아다마'인데 사람이다. 여기서 말하는 아담과 하와는 어떤 특정 인물이라는 것이다.

그러므로 '창조된 사람'이 있고, '만드신 사람'이 있다는 뜻이다. 1장에서의 남자와 여자는 창조된 사람이고, 2장에서의 아담과 하와는 만들어진 사람이다.

아담과 하와가 범죄하고 쫓겨나 가인과 아벨을 낳았고, 가인이 아벨을 죽였다. 그래서 가인이 돌아다니게 되었다. 그때 이미 인간들이 엄청 많았다. 이런 상황에서 그들이 가인을 죽이지 못하도록 하나님이 표를 주셨다.

반드시 기억해야 할 점이 있다. 하나님은 구원과 관련된 존재들을 중심으로 성경을 이루어 가신다는 것이다. 왜냐하면 모든 인류의 역사를 성경 66권에 다 기록할 수 없기 때문이다. 구원에 관련된 중요한 팩트(사실)와 스토리(이야기)만 기록한 것이 성경이다.

'창조된 사람'은 여성과 남성이 동시에 등장했다. '만드신 사람'은 시간의 차이가 있었다. 아담을 먼저 만드셨고, 아담을 잠재운 후에 하와를 만드셨다.

'창조된 사람'은 부부라는 개념이 없었다. 그러나 아담과 하와를 만드셨을 때, 부부는 대단히 중요한 의미를 지녔다.

내가 열 달 동안 고통 가운데 낳은 아이는 너무 소중하다. '창조된 사람'과 비교할 수 없다. 창조된 '바라'와 지으시고 만드신 '아사'가 다를 수밖에 없다.

사람은 영, 혼, 육이 있다. 하나님이 사람을 만드시면서 성령을 받는 기능을 만드신 것이다. 곧 코에다 호흡, 생기를 불어 넣으셨다.

'창조된 사람'과 '지으신 사람'의 차이점은 분명하다. '창조된 사람'은 하나님의 정성과 사랑과 수고가 들어가지 않았다는 것이다.

하나님의 입장에서 생각해보자. 하나님은 창조가 쉬울까, 만드는 것이 쉬울까?

창조는 말씀으로, 생각만으로도 절로 만들어진다. 그런데 전능하신 하나님께서 무엇이 부족해서 흙을 가져다가 손수 만드는 수고를 하셨을까? 사실은 흙도 아니다. '아파르' 티끌이다. 티끌 같은 눈에 보이지도 않는 먼지를 가지고 만드신 것이다.

그냥 말씀으로 "000야 생겨라"고 명령만 하시면 되었다. 그럼에도 콧김만 불어도 날아가 버리는 티끌을 주물러서 만드셨다는 것은 무슨 의미인가? 이 말씀에서 무엇이 느껴지는가?

사랑과 정성이다.

쉽게 '창조된 사람'과 하나님의 정성과 사랑이 들어간 '지으신 사람'과의 차이점을 알아야 한다. 우리는 하나님의 정성과 사랑으로 '지으신 사람'이다.

아담과 하와의 창조사건은 예수 그리스도의 구속사다

창세기 1장과 2장의 다른 점이 또 있다.

1장의 하나님은 복수이다. 1장의 '하나님께서는'에서 하나님은 엘로힘 하나님이시다. '우리의 모양과 형상대로'에서 우리는 복수다. 성부, 성자, 성령하나님이다.

2장에서는 여호와 하나님으로 바뀐다. 여호와 하나님은 예수 그리스도다. 여호와라는 이름은 '그가 구원이시다'라는 뜻이다. 히브리말로 해석하면 '그 손을 보라, 못 자국을 보라'이다. 너무나 놀랍지 않은가.

출애굽기에서 여호와 하나님이 애굽의 압제에서, 노예의 신분에서 이스라엘을 건져내고 구해주셨다. 예수 그리스도가 우리에게 해주신 일과 똑같다. 예수 그리스도가 이 땅에 메시아로 오신 것은 죄의 노예인 우리를 그 압제하에서 구원해 주시기 위함이다.

여호와 하나님이 아담과 하와를 만드셨다. 아담과 하와는 예수님의 표상이다.

고린도전서 15장에 보면 첫째 아담이 나오고 마지막 아담이 나온다. 첫째 아담은 산 영, 마지막 아담은 살리는 영으로 나온다. 사도 바울이 그 말씀을 해석했는데, 첫 번째 아담은 산 영, living soul이다. 영이 있다는 것이다. 물과 성령으로 거듭나야 구원인 것은 하나님이 정해 놓으신 불변의 법칙이다.

첫째 아담의 "산 영"은 아직 성령을 받은 것이 아니라, 살아있는 생물을 뜻한다. 마지막 아담은 살리는 영으로 예수 그리스도이다.

창조된 아담은 인간, 사람이다. 흙으로 만든 아담은 아다마(붉은 흙)라는 뜻이다. 1장에 나오는 아담은 특정한 사람의 이름이 아니고, '사람'이라는 뜻이다. 2장에 하나님이 만드신 존재인 아담(흙)은 아파르, 티끌이라는 의미이다. 바로 여기에 특별한 하나님의 예수 그리스도에 관한 '구속사'의 의미가 담겨 있다.

엘로힘 하나님은 창조에 관련된 하나님이시다. 재료(흙)를 가지고 아담과 하와를 만드신 여호와 하나님(엘로힘)은 예수 그리스도이시다. 이분은 구원과 관련된 분이다.

인간을 만드실 때, 구원이 완성된 완전한 인간으로 만드신 것이 아니다. 여기에 놀라운 비밀이 있다.

하나님께서 첫 번째 인간을 만드시자마자, 인간은 선악과를 따 먹고 범죄를 저질렀다. 그렇다면 하나님은 무능하시고 실패하셨는가?

그럴 리가 없다. 처음부터 하나님께서 구속사를 이루어 가시려는 것이다. 흙이라는 재료, 그것도 붉은 흙으로 사람을 지으실 때부터 계획해 둔 바이다.

붉은 흙은 예수 그리스도의 보혈을 상징한다. 여기에 비밀의 문을 여는 힌트가 있다. 인간 아담마를 만드신 그때부터 하나님의 영적 전략이 있었음을 상징적으로 보여주신 것이다.

성경에는 이런 비밀과 힌트로 가득 차 있다. 지혜와 계시의 영이 아니면, 영적 눈을 뜨지 못하면 절대로 깨달을 수 없도록 해 놓으셨다. 그래서 예수님이 천국은 비밀이라고 하셨다. 영적으로 열어 주신 이들만 볼 수 있고, 들을 수 있는 것이다.

여호와 하나님께서 붉은 흙이라는 재료를 가지고 사람을 지으셨다. 여호와를 히브리어 알파벳으로 파자해서 풀어보면 '그 손을 보라. 못 자국을 보라'라는 뜻이 된다. 검색하면 쉽사리 확인할 수 있다.

그러면 여호와가 누구신가? 예수 그리스도이시다. 그 손의 못 자국에서 피가 흘렀다. 그 비밀을 가진 자(교회, 신부), 영적으로 하나님이 숨겨두신 자, 비밀을 깨달은 자만이 그 나라에 들어가도록 하나님께서 모든 구조를 만들어 놓으신 것이다.

"담"은 피를 의미한다. 하나님이 신부(교회)를 만드시는 목적은 분명하다. 둘째 아담이신 예수 그리스도를 만나 혼인잔치를 통하여 연합하고, 그분과 한 영이 되어 거룩한 나라, 천국에 들어가게 하기 위함이다.

전적 타락, 전적 부패한 인간으로서는 들어갈 수 없다. 반드시 물과 성령으로 거듭난 자, 은혜와 진리가 충만한 자, 말씀이 육신이 된 자여야 한다. 베드로전서 1장에서 썩지 아니하는 씨, 곧 말씀으로 거듭난다고 했다.

> 여여호와 하나님이 그 사람을 이끌어 에덴 동산에 두어 그것을 경작하
> 며 지키게 하시고 여호와 하나님이 그 사람에게 명하여 이르시되 동산
> 각종 나무의 열매는 네가 임의로 먹되 선악을 알게 하는 나무의 열매는
> 먹지 말라 네가 먹는 날에는 반드시 죽으리라 하시니라 여호와 하나님
> 이 이르시되 사람이 혼자 사는 것이 좋지 아니하니 내가 그를 위하여 돕
> 는 배필을 지으리라 하시니라 _창2:15-18

'그 사람'은 아담이다. 그러나 여기서 '그'는 정관사로 하나님이 지목한 특정한 한 사람이다. 그러니까 아담이 진짜 아담이라는 인물일 수도 있지만, 하나님의 구속사 안에서 어떤 한 사람을 지목한

것이기도 하다. 따라서 그 사람을 통하여 구속사를 펼쳐나가겠다는 하나님의 뜻과 의지를 적은 것이다.

그 아담은 택한 자다. 첫 번째는 예수 그리스도이고, 두 번째는 예수 그리스도 안에서 택한 자들이다.

에베소서 1장에 태초 전부터 그리스도 안에서 우리를 택하사 하나님의 기쁘신 뜻대로 우리를 예정하시고 택하셨다고 했다. 그리스도 안에서다. '그 사람'은 하나님이 택한 자를 뜻하는 것이다.

"그 사람을 이끌어 에덴(기쁘고 즐거운 곳)동산에 두어 그것을 경작하며 지키게 하시고."

여호와 하나님이 그 사람에게 명령하셨다.

첫 번째 명령은 "동산 각종 나무의 실과는 네가 임의로 먹되 선악을 알게 하는 나무의 실과는 먹지 말라 네가 먹는 날에는 정녕 죽으리라"는 것이었다.

'정녕 죽으리라'는 말씀은 '무트 타무트'이다. 죽고 또 죽으리라는 뜻이다. 무트 타무트는 십자가에서 이루어졌다.

아담이 선악과를 먹었다. 그런데 아담은 죽지 않고 930년 동안 살았다. 그렇다면 하나님의 말씀이 틀렸는가?

창세기 2장에 인간인 아담과 하와를 만드신 사건은, 예수 그리스도의 구속사를 이야기하기 위함이라고 말했다.

마지막 아담인 예수 그리스도가 왜 이 땅에 오신 것인가? 예수 그리스도가 이 땅에 누구를 구원하려 오신 것인가?

바로 나, 교회, 신부이다.

그래서 하나님이 이미 여자와 남자를 창조하셨는데 또 창조하신 것이다. 이 창조는 예수 그리스도가 교회를 어떻게 탄생시키고, 어떻게 교회 신부를 위하여 십자가에서 정녕 죽는지, 곧 무트 타무트 사건이 일어날 것을 상징적으로 예표하는 스토리다.

예수님은 하와의 범죄를
태초부터 알고 계셨다

결국, 하나님은 인간이 선악과를 따 먹을 걸 이미 다 아셨다. 선악과를 따 먹음으로 말미암아 에덴동산에서 쫓겨나서 벌과 저주를 받고 살아가는 비참한 인생이 될 수밖에 없음도 알고 계셨다.

그래서 창조의 과정에서부터 구원자 예수 그리스도의 표상이 여기저기 등장한다. 아담은 예수 그리스도의 표상이고 그를 통해 인류를 어떻게 구원할 것인지를 드러내셨던 것이다.

하나님이 천지를 창조하셨을 때, 흑암과 혼돈과 공허가 있었다. 그런 다음에 빛이 있었다.

아담이 홀로 있었을 때 보기에 안 좋았다 하셨다. 아담이 혼자 있었을 때의 상태는 빛의 상태였을까? 흑암과 어둠의 상태였을까?

이것이 비밀이다.

내가 시초부터 종말을 알리며 아직 이루지 아니한 일을 옛적부터 보이고 이르기를 나의 뜻이 설 것이니 내가 나의 모든 기뻐하는 것을 이루리라 하였노라 내가 동쪽에서 사나운 날짐승을 부르며 먼 나라에서 나의 뜻을 이룰 사람을 부를 것이라 내가 말하였은즉 반드시 이룰 것이요 계획하였은즉 반드시 시행하리라 _사 46:10-11

이 말씀은 앞으로 이뤄질 역사도 하나님 안에서는 이미 완성되어 있음을 말해준다.

예수님은 메시아로 예루살렘에 오셨다. 그러나 예수님은 창세전부터 계셨다. 그 이후에 아담과 하와를 만드셨다. 아담과 하와가 범죄 할 것을 다 아시고 예수님을 이 땅에 보내주시려는 계획이 있으셨다는 뜻이 된다.

예수님은 하늘나라에 계실 때는 이름이 없으셨다. 예수(저들을 죄에서 구원할 자)라는 이름은 이 땅에 태어날 때 가진 이름이다.

하늘나라에는 구원이라는 것이 없다. 왜냐하면 하나님 나라는 완전하고 거룩한 나라이기 때문에 구원이라는 자체가 필요 없다. 그러므로 그 이름은 땅에 태어날 때 주어진 것이다.

아담과 하와가 범죄 할 것을 다 아시고 예수님을 이 땅에 보내주시려는 계획이 있으셨다는 것과, 주님이 태초 전에 이미 있으셨으므로 '처음부터 종말을 고했다'라는 뜻은 다음과 같은 내용으로 설명할 수 있다.

처음부터 하나님이 에덴을 완전하고, 거룩한 곳으로 만드신 것이 아니다. 아담과 하와를 범죄케 한 사탄의 상징인 뱀이 에덴에 있었다는 사실로 알 수 있다. 따라서 하나님은 하와(교회)가 범죄할 것을 이미 아셨고, 구원자 예수 그리스도를 이 땅에 보내시어 범죄한 인간을 구원하시기 위한 계획을 준비하셨다는 것이다.

하와의 범죄를 통하여 여성은 수천 년 동안 여성 비하의 역사를 걸어왔다. 그러나 여기에도 하나님의 분명한 뜻이 있다.

하나님의 선과 인간의 선은 다르다. 선하다는 것은 오로지 하나님의 평가 기준이다. 세상에 선하신 분은 오직 하나님, 한 분이시기 때문이다.

인간이 선악의 기준을 정할 수 없다. '이것은 선이고 이것은 악이다'라고 판단하는 것들은 대부분 온전하지 않다. 사회적 기준일 뿐이다.

하나님께서 이스라엘 백성들이 약속의 땅 가나안에 들어갈 때 이렇게 명령하셨다.

"여자서부터 어린아이뿐 아니라 육축까지 다 진멸하라."

살인하라는 하나님의 명령은 선인가, 악인가? 하나님이 살인하지 말라 하시고는 부녀자부터 아이까지 다 죽이라 하신 점을 들어, 세상 사람들은 의문을 제기한다.

인간의 선악의 기준으로 보면 하나님은 악하시다. 그러나 선악의 기준은 인간이 가질 수 없다. 하나님의 기준은 사람의 기준과 다르기 때문이다.

하나님의 기준은 선악과를 먹으면 안 되는 것이다. 먹지 말라고 한 것을 인간의 기준으로 먹었기에 악이 된다. 그 결과 세상이 인간의 기준대로 흘러가고 말았다. 죄악과 혼돈의 소용돌이 속에서 헤쳐 나오지 못하고 있다.

천년왕국은 오직 예수 그리스도께서 통치하시는 절대 독재 신정 국가이다. 인간의 잣대, 인간의 선악의 기준은 하나님 나라에서는 절대 통하지 않는다.

중요한 것은 하나님을 경외하는 마음가짐과 행위이다. 경외는 하나님이 어떠한 말씀을 해도 순종하는 것이다.

창세기 22장에 아브라함이 자기가 낳은 아들 이삭을 칼로 죽이려고 했다. 이것을 어찌 선으로 받아들일 수 있는가? 인간적으로 보면 아들을 죽이는 아버지는 악인 중의 악인이다.

인간의 상식으로는 도무지 말이 안 된다. 그러나 하나님이 시켰으므로 그 순종을 통하여 경외함을 받으셨다는 것이다.

즉 하나님은 인간으로부터 경외함을 받기 원하신다. 경외함은 절대 순종이다.

스스로 선악을 판별한다는 것은, 나의 생각대로 선이면 따르고 악이면 안 따르겠다는 태도이다. 자기 생각이 선악의 기준이 된다.

그러나 선악에 대한 절대 기준은 하나님께 있다.

나의 기준에 따라, 나의 기준으로 판단하는 것은 순종이 아니다. 하나님은 내가 할 수 있는 것만 요구하시진 않는다. 때로는 우리를 테스트하기 위하여 순종을 요구하신다. 우리를 경외하는 단계로 이끄시어 나를 특별한 소유로 만들기 원하신다.

여성은 하나님의 감탄사
'잇샤(와우)'다

필자는 대학원에서 미술 교육을 공부했다. 미술 교육을 하기 위해서는 미술 전반에 관한 모든 것을 공부해야 한다. 도자기도 만들어야 되고, 조각도 해야 하고. 아이들을 가르치기 위한 미술 실기도 해야 한다.

도자기를 만들던 날이다. 찰흙을 길쭉하게 뭉쳐 동그랗게 말았다. 물레를 돌려 모양을 만들고, 직접 굽고 유약도 발랐다. 여러 개를 빚었는데 하나같이 흡족하진 않았다. 그럼에도 내가 만들었기 때문에 그 어떤 예술품보다 귀하게 여겨졌다.

시집올 때 여러 개를 가지고 왔다. 부엌이랑 거실에 두었는데 어느 날 시장에 갔다 오니, 모두 사라졌다. 시어머님이 버린 것이었다. 그때 나는 크게 상처를 받았던 기억이 난다.

하나님은 우리의 토기장이시다. 우리는 그분의 그릇이다. 어떤 사람은 예쁘게, 어떤 사람은 못나게 만들어졌다. 키가 작은 사람도, 큰 사람도 있다. 하지만 당신이 만드시고 당신 속에서 나왔기 때문에 하나님은 우리를 볼 때 와우, 감탄하신다.

하나님이 아담에게 하와를 만들어주기 위해 잠재웠다. 이어 갈비뼈를 취해서 여자를 만들었다. 잠에서 깨어난 아담이 이렇게 말했다.

"아담이 가로되 이는 내 뼈 중의 뼈요 살 중의 살이라 이것을 남자에게서 취하였은즉 여자라 칭하리라 하니라."

여기서 여자는 '잇샤'라는 감탄사다. 와우, 하는 감격의 탄성인 셈이다.

아담은 잠든 상태였으므로 하나님이 무슨 일을 하셨는지 몰랐다. 눈을 떴는데 누군가 앞에 있었다. 너무 감동을 해서 와우, 하고 감탄했다. 그러면서 자신의 속에서 나왔기에 여자(잇샤)라고 칭했다.

죽음에서 깨어난 아담이 하와를 봤을 때 왜 감탄을 했을까? 자기 속에서 나온 것을 어떻게 알았을까? 아담은 바로 예수님의 모형이기 때문이다.

이것이 신비이다. 처음 본 여자의 모습은 평소에 보아왔던 자기 자신이었던 것이다. 아담과 한 몸이었는데 자신보다 더 아름답고 업그레이드된 모습이었기 때문이 아니었을까.

아담은 아담이 아니다.

아담이 예수님이시다. 그러니 우리를 볼 때 감탄하시는 것이다. 우리가 무엇인가를 잘해서, 믿음 생활을 잘 감당해서 감탄하시는가? 아니다. 그냥 우리 존재로 감탄하신다. 왜? 그분의 속에서 나왔으니까.

그렇다. 우리 여성들은 감탄의 탄성을 받을 존재이다.

내 신랑 예수님이 예쁘다고 해주시면 그것이 최고다. 더 이상 바랄 것이 없다. 행복을 다른 데서 찾을 필요가 없다. 행복과 사랑을 다른 쪽에서 찾으니 날마다 불행한 것이다.

내 신랑, 내 아버지, 내 주님이 당신의 속에서 빚었기 때문에 그분에게는 눈에 콩깍지가 쓰인 셈이다. 나만 보인다. 나만 사랑스럽다. 나만 보면 감탄이 절로 나온다.

할렐루야! 그 은혜와 그 사랑의 감격에서 살 때, 뭐 다른 것이 필요 있겠는가?

'잇샤'는 남자에게서 나왔다.

예수 그리스도 안에서 그분이 '내가 너를 낳았도다'라고 하셨다. 이것만 보더라도 우리가 얼마나 소중한 존재인지 알 수 있다.

하나님이 우리를 볼 때마다 우와! '잇샤'라고 감탄하신다. 왜냐하면 자신의 몸에서 나왔기 때문이다. 놀랍지 아니한가?

늦둥이를 낳을 때 너무나 고생을 했다. 17년 만에 또다시 아기를 낳으려니 산도가 굳어서 정상 분만이 힘들다고 의사가 말했다. 심지어 다운증후군의 확률이 70-80%라고 경고했다. 그러니 10개월 동안 그 마음이 어떠했겠는가. 게다가 임신 당뇨까지 왔다. 밥을 한 톨도 제대로 먹지 못했다. 그 수고와 고생 끝에 늦둥이 이삭이 나왔으니 그 감동은 말할 수가 없었다.

그런 막내를 보고 있으면 저절로 웃음이 나온다. 말을 안 듣고 공부를 안 해도 상관없다.

늦은 나이에 기도하고 낳은 아이이므로 나름 기대도 컸다. 성실하고, 믿음 좋고, 공부 열심히 하고, 엄마의 뜻에 순종하는 아이이길 바랐다. 그러나 아이는 그렇지 않았다. 기대에 미치지 못한 점이 보인다. 그럼에도 아이를 보면 매일 감탄을 한다. "와우 어떻게 이런 작품을 만드셨을까" 감탄이 나온다.

왜 그럴까? 이제 답을 얻었다. 막내를 보면 왜 감탄이 나왔는지. 내 안에서 나와서이다. 기도와 말씀의 산물로 내 안에서 나온 까닭이다.

쟈칼과 네케바는 창조하신 것이다. 지명하여 부르신 것이다. '여자가 되어라', '빛이 있으라'와 같이 창조의 범주이다. 그러나 아담을 잠재우고 갈비뼈를 끄집어내서 여자를 만드셨다. 그 수고의 과정을 생각해보자. 어마어마하다. 주님이 애쓰신 것을 알겠는가? 하나님이 '잇샤'하며 감탄하시는 사랑이 느껴지는가?

아가서의 솔로몬 임금은 예수 그리스도의 모형, 신랑이다. 그리고 술람미 여인은 신부를 뜻한다. 거기에 보면 신랑이 신부를 보면서 매일 감탄한다.

"와~! 정말 아침 해같이 뚜렷하고 달같이 아름다우며 해같이 맑고 기취를 벌인 군대와 같은 여자가 누구인가." "이런 사랑스럽고 어여쁜 자여, 두 유방이 어떻고~"

이게 다 감탄이다.

술람미 여인은 '게달의 장막'이라고 했다. 포도원에서 일하느라 기미가 잔뜩 껴서 시커먼 얼굴의 보잘것없는 여인이다. 그럼에도 솔로몬왕은 이 여인이 너무나 사랑스러워 사랑의 노래를 불러댄다.

예수님은 육의 눈으로 보지 않고 영의 눈으로 보신다. 외모를 보지 않으신다. 너무나 사랑스럽고 어여쁜 신부로 보신다. 아가서에 기록된 솔로몬의 말 전체가 감탄어와 시어로 이뤄져 있다. 영의 눈으로 신랑 예수님은 우리를 보며 매일 감탄하시는 것이다.

성경은 살아있는 생명의 책이다. 이것을 대할 때 그분의 마음이 구구절절 온몸으로, 온 감성으로 느껴져야 한다. 그래야 말씀이 살아 움직이면서 내게 들어와 교감이 되어 주님과 내가 하나가 된다. 그래야 그분과 데이트를 할 수 있다.

주님은 나를 볼 때마다 감동, 감탄하신다. 그러나 나는 주님을 볼 때 아무 생각 없이, 아무 감동 없이 산다면 과연 그분과 교제하는 것일까 돌아볼 일이다.

주님은 마지막 때 사랑이 식는다고 하셨다. 감정과 감성이 메말라서 말씀을 봐도 예수님을 떠올려도 감격이 없다.

이 세상의 그 어떤 남자보다 최고인 왕 중의 왕, 만주의 주라는 분이 나를 보고 '잇샤'라고 감탄하신다. 이 사실만으로도 우리는 감격하고 행복을 느껴야 한다. 이것이 살아있는 믿음이다.

여성은 갈비뼈로 만든 성전

아담이 이르되 이는 내 뼈 중의 뼈요 살 중의 살이라 이것을 남자에게서
취하였은즉 여자라 부르리라 하니라 이러므로 남자가 부모를 떠나 그
의 아내와 합하여 둘이 한 몸을 이룰지로다 _창2:23-24

요한계시록 4장을 강해하면서 깨닫게 된 바가 있다. 신부는 교회
이고, 교회는 건축을 해야 하는 것이다.

교회는 성전인데, 성전은 그냥 되는 것이 아니다. 건축을 해야 한
다. 우리는 이 땅에 살면서 성전으로 건축이 된 자로 살아야 한다.
그래야 실제 하나님 나라에 건축물로 들어갈 수 있다. 아무 기초도
되지 않고, 아무것도 건축되지 않은 자는 자격 미달이요, 탈락이다.

그러므로 교회, 신부들은 지금 '공사 중'이다.

사람에게는 버린 바가 되었으나 하나님께는 택하심을 입은 보배로운
산 돌이신 예수께 나아가 너희도 산 돌 같이 신령한 집으로 세워지고 예

수 그리스도로 말미암아 하나님이 기쁘게 받으실 신령한 제사를 드릴 거룩한 제사장이 될지니라 성경에 기록되었으되 보라 내가 택한 보배로운 모퉁잇돌을 시온에 두노니 그를 믿는 자는 부끄러움을 당하지 아니하리라 하였으니 _벧전2:4-6

베드로전서 2장에 예수님이 모퉁잇돌이시고, 우리는 산 돌로 세워진다고 했다. "너희가 성전인 것을 알지 못하느냐"(고전 3:16)로 미뤄 우리가 성령이 거하시는 전이고, 그 전을 돌(진리의 말씀)로 짓는 것이다.

주목할 점은, 성전 건축의 재료가 갈비뼈라는 사실이다.

하와를 갈비뼈로 만드셨다. 아담을 잠재우고 그의 갈비뼈를 빼내 하와를 만드신 바, 하와는 교회요 성전이다. 성전의 재료가 바로 갈비뼈인 것이다.

왜 갈비뼈일까?

건물을 지을 때 뼈대를 세운다. 뼈대를 하나만 세우면 되겠는가. 높은 건물, 튼튼한 건물일수록 뼈대(골조, 철근)가 많이 들어간다.

초신자로서 사모가 되었을 때, 나는 모래 위에 아무것도 아닌 존재였다. 지금은 어느 정도 아름다운 건축물로 지어졌다. 묵상을 통해 받은 은혜가 컸다. 예수님이 너무 많은 뼈를 주셔서, 나를 아름다운 성전으로 만들어가고 계셨다.

나는 '공사 중'이다.

갈비뼈 하나만으로 나를 만드셨겠는가? 얼마나 많은 뼈로 나를 만드셨을까? 예수님의 뼈를 제일 많이 받은 자가 바로 '나'라는 생각이 들었다.

착각이라도 좋다. 그만큼 하나님께서 주신 은혜가 크다고 느끼기 때문이다.

주님이 자신의 뼈를 빼내어 신부 하와를 만드셨다. 이는 자녀가 잘되기를 원하여 자신의 모든 것을 주는 부모의 마음이다. 등골을 다 빼서라도 자녀에게 주는 부모의 사랑이다.

남자와 여자가 만나 결혼을 하고 씨를 받아 자식이라는 열매를 낳게 하는 것은, 부모의 마음과 사랑을 통해 하나님의 사랑과 구속사의 놀라우신 은혜를 깨달으라는 의미이다.

아담의 갈비뼈로 하와(교회)를 만들었다. 하와는 건축물, 성전이다.

"그 크신 하나님의 사랑 말로다 형용 못 하네."

하늘을 두루마리 삼고, 바다를 먹물 삼아도, 그 크신 하나님의 사랑을 다 기록할 수 있겠는가?

지금의 나 됨은 내가 노력하고 잘해서 된 것이 아니다. 지금도 나를 성전으로 건축하시기 위해, 예수님이 계속 - 뼛골 빠지게 - 뼈를 주셔서 세우고 계시는 것이다.

건축물이 완성되면 새 예루살렘성이 보여야 한다.

요한계시록 21장에는 그 성 안에 들어갔더니 성전은 보이지 않고, 예수 그리스도만 보인다고 했다. 예수 그리스도께서 성전이 되신 것이다. 우리가 성전이 되려면 예수와 연합해야 하는데, 그 연합은 말씀으로 하는 것이다.

요한계시록 4장을 풀다가 깨닫게 된 것이 있다.

사도 바울의 직업이 텐트 메이커였다. 예수님은 목수였다. 예수님은 우리를 위하여 처소를 예비하러 간다고 하셨다.

왜 사도바울은 텐트를 만드는 천한 신분을 자처했을까? 그것도 자비량으로.

그는 최고의 엘리트이고, 가말리엘 문하생이고, 베냐민 지파이고, 로마 시민권자였다. 당시 최고 레벨을 두루 갖춘 사람이었다.

천막을 짓는 것은 천한 직업이다. 그러나 그 안에 영적인 의미가 담겨 있다.

사도바울은 주의 종, 사도다. 사도는 말씀을 가르친다. 에베소서, 골로새서, 고린도서, 빌립보서를 감옥에서 썼다. 그는 자신이 성도들을 성전으로 만들어 주는 자임을 깨달았던 것이다.

사도바울은 텐트장이이고, 예수님은 목수이시다. 목수는 진짜 성전을 만드시는 분이고, 사도바울은 가르침만 주는 것뿐이다.

출애굽 이후 광야에 지은 성막(텐트)은 임시 건물, 가건물이다. 사도바울이 로마서 같은 주옥 같은 말씀을 가르쳐서 성전을 짓는 기초는 알려줄 수 있다. 구조물을 어떻게 세우는지 가르쳐 임시 건물은 지어줄 수 있다. 그 역할만 하는 것이다.

명심해야 할 점이 있다. 그 씨를 받은 자는 말씀을 깨달은 것으로 끝나면 안 된다.

이 말씀을 듣고, '우와! 창세기 1장, 2장의 말씀이 다르고, 창조(바라)와 만드신(앗사) 것이 다르고, 이 안에 엄청난 하나님의 구속사의 비밀이 있구나' 하고 깨달았을지라도, 그것으로 끝나면 또 그냥 무너지는 텐트인 것이다.

그렇다면 어떻게 해야 되는가?

생명을 낳아야 한다. 진리로 살아야 된다.

그것은 누구의 몫인가?

나 자신의 몫이다. 그래서 말씀이 육신이 되어 하나님이 우리 안에 거하시매 그 영광을 보니 아버지의 독생자의 영광이요, 은혜와 진리가 충만해지는 것이다.

예수님은 말씀만 주셔도 된다. 그럼에도 하늘 보좌를 버리시고 이 땅에 오셨다. 말씀을 가르치기만 하신 것이 아니다. 십자가를 지시고 진리로 몸으로 그것을 이루셨다. 실행을 하신 것이다.

  행함이 없는 믿음은 죽은 믿음이다.

  말씀으로 폭포수 같은 은혜를 받고 깨달아도 성전으로 지어지지 않으면 소용이 없다. 깨닫는 것으로만 끝나면, 비가 오고 창수가 나고 바람이 불면 무너진다.

  진짜 힘든 것은, 말씀을 깨달았으면 말씀이 실제가 되도록 내가 그 삶을 살아내는 것이다. 진리로 살아야 한다.

  우리는 수없이 부딪히고 무너진다. 모래 위에 지은 집은 창수가 나고 바람이 불면 무너지지만, 예수 그리스도의 반석 위에 지은 집은 끄떡없다. 그러므로 예수님이 사셨던 삶을 나도 그대로 살아야 된다.

  지식적으로 깨닫는 것으로만 그쳐서는 안 된다. 내 인생, 내 삶이 진리로 살아내어 그 열매로 내가 성전이 되어져야 한다.

씨와 자궁의 구속사

하나님께서 이 세상을 창조하신 목적이 있다.

하나님의 나라가 임하기 위해 이 땅의 모든 생물들은 생육, 번성, 충만한 것이 하나님의 뜻이다. _창1:28 생육, 번성, 충만하기 위해서는 반드시 수컷과 암컷이 있어야 한다.

하나님께서 말씀하신 남자와 여자, 이것을 히브리 원어로 보면, '자칼'과 '네케바'이다. '자칼'은 '씨를 가졌다', '씨를 가진 존재'라는 뜻이다.

'씨' 이야기는 성경에서 많이 찾아볼 수 있다.

하나님이 이르시되 내가 온 지면의 씨 맺는 모든 채소와 씨 가진 열매 맺는 모든 나무를 너희에게 주노니 너희의 먹을 거리가 되리라 _창1:29

하나님이 이르시되 땅은 풀과 씨 맺는 채소와 각기 종류대로 씨 가진 열매 맺는 나무를 내라 하시니 그대로 되어 땅이 풀과 각기 종류대로 씨

맺는 채소와 각기 종류대로 씨 가진 열매 맺는 나무를 내니 하나님이 보시기에 좋았더라 _창1:11-12

이렇게 씨에 관한 말씀이 계속 나온다. 씨는 '제라' 여자의 후손으로, 아들을 뜻한다. 이분이 바로 예수 그리스도이시다. 예수님은 말씀으로 오셨는데, 곧 말씀이 씨이다. 씨는 그 안에 생명이 있다. 그러므로 예수님 안에 생명이 있는 것이다.

영계 안에서 일어나는 역사를 구속사라고 한다. 성경은 이스라엘의 역사를 이야기하는 것 같으나, 그것을 통해 우리에게 구속사의 말씀을 주시는 것이다.

구속사의 핵심은 예수 그리스도이시다. 그분을 통해서만 구속과 구원, 심판이 일어난다.

그분은 말씀 하나님으로 이 땅에 오셨다.

베드로전서에서 우리는 영원히 썩지 아니하는 씨(말씀)로 거듭난다고 했다. 씨는 예수님, 즉 말씀을 의미한다. 따라서 예수님을 영접하기 전에는 하나님의 나라를 볼 수도 없고 갈 수도 없다고 말씀하시는 것이다.

성경에서 농부는 하나님이시고, 농부가 원하는 것은 열매 속에 있는 씨이다. 씨는 그 안에 엄청난 것이 함축되어 있다.

겨자씨 비유를 떠올려보자. 겨자씨는 먼지처럼 작다. 씨앗 중 가장 작다. 그러나 땅에 심었을 때는 엄청난 크기로 자란다. 많은 열매를 맺으면서 온갖 새가 찾는 큰 나무가 된다.

한 알의 씨는 너무나 작은 존재이다. 그러나 그 안에는 온 우주가 들어있을 만큼 엄청난 것이다. 씨 하나가 심겨지면 백배의 열매를 맺는다는 것이 그러하다. 씨앗이 하나 심겨지면 백배가 되고, 그 백배가 또 백배가 된다. 시간이 갈수록 기하급수적으로 늘어난다. 하나님 나라를 겨자씨 한 알에 비유한 이유가 여기에 있다. 그 씨 안에 생명이 있다는 것을 의미한다.

'자칼'이 남자, 곧 씨를 가진 신랑이라면, '네케바'는 신부를 말한다. 신부는 자궁을 가지고 있다. 씨는 없다. 씨를 받을 수 있는 자궁만 있는 것이다. 결국 씨를 받아야 생명을 잉태할 수 있다.

예수 그리스도는 신랑이고 씨를 가졌다. 신랑 예수 그리스도께서 씨(말씀, 생명)를 주시면 여자가 받아 잉태를 한다. 잉태된 아들과 내가 하나가 된다. 비로소 내 안에 생명이 있고, 나는 생명체가 되는 것이다.

갈라디아서 4장에 사라를 '하늘에 있는 어머니'라고 표현한다. 사라가 낳은 존재는 율법이 아니고, 종이 아니고, 이스마엘이 아니고,

약속의 아들이다. 이삭은 '약속의 아들'이다. 여기에 진리의 핵심이 담겨 있다.

약속의 아들, 그 대표가 예수 그리스도이다. 그래서 언약(구약, 신약)으로 오신 것이다. 임신을 하면 태아와 나는 하나이듯이, 약속의 아들을 내가 잉태할 때 나와 아들은 하나가 된다.

씨는 말씀이다. 말씀을 가지고 전해주는 자가 영적으로 남자이다. 남녀 성별을 말하는 것이 아니다. 영적으로 예수님은 남자이고, 하나님도 남자이고, 우리는 성별을 떠나 모두 신부라고 불린다.

하나님 아버지와 아들 예수님이 남성형으로 표현된 것은 씨를 가지고 계시기 때문이다. 씨는 말씀이고, 곧 생명이다. 우리는 말씀의 씨를 받아야 한다. 따라서 우리 모두는 자궁을 가지고 있는 여자가 되어야 한다.

여자는 교회이고, 신부이다. 원작자인 하나님이 말씀하시고자 하는 의도가 바로 이것이다. 하나님께서 십자가에서 생명이 탄생하는 것을 말씀해 주시고자 하셨다. 바로 성경에 여자들을 등장시키신 이유이다.

그러나 그 여자들이 자궁을 가지고 있었건만, 잉태치 못하는 쓴물들이었다. 사라와 리브가, 한나는 모두 불임 환자들이었다. 그러나 하나님이 초자연적으로 생명을 주셨다.

무엇을 이야기하시려는 것인가?

쓴물이라는 표현에는 특별한 영적 의미가 있다. 예수 그리스도를 성령으로 잉태한 여성의 이름이 마리아다. 마라(쓴물)인 것이다. 이스라엘 백성이 출애굽 했을 때 사막에서 만난 쓴물이 바로 '마라'였다.

이 모두 예수 그리스도의 구속사와 연관이 있다는 사실을 알려주는 힌트다. 물은 바로 생명을 담고 있다.

자궁은 가지고 있지만 쓴물이다. 오직 십자가 사건을 통해서만 생명을 낳을 수 있다. 영적으로 열려야 비로소 이해할 수 있는 비밀이다.

기독교는 생명의 종교이다. 생명을 잉태하지 못하면 구원에 이르지 못한다. 생명을 잉태하고 아들을 낳아야 한다. 어떠한 행위나 율법을 지키는 종교행위로 천국에 가지 못한다.

아들을 낳으려면 씨를 받아야만 한다. 남자의 씨, 오직 예수 그리스도만 가지고 있는 씨이다. 곧 말씀이다. 그 말씀을 받아 여자의 자궁에서 생명을 잉태시키는 것이 우리의 사명이다.

마태복음 25장에 슬기로운 처녀와 미련한 처녀 이야기가 나온다. 슬기로운 다섯 처녀와 미련한 다섯 처녀는 등을 들고 신랑을 기다리고 있다. 이들의 차이점은 무엇인가.

슬기로운 처녀들은 등과 기름을 가져왔고, 미련한 처녀들은 등만 가져왔다. 예비한 기름이 없었다. 오래 기다리다가 신랑이 오는 소리가 들렸으나 미련한 처녀들은 기름이 떨어져 기름을 사러 나갔다. 그 사이 신랑이 도착하고 혼인잔치의 문은 닫혀버렸다.

이스라엘의 전통에 결혼식은 밤에 한다. 밤은 영적으로 어두운 세상을 의미한다. 흑암으로 어두워가는 세상에서 우리는 불을 밝히고 있어야 한다. 불을 밝히려면 반드시 기름이 있어야 한다.

메시아, 그리스도는 '기름 부음을 받은 자'이다. 그래서 왕과 제사장을 임명할 때 기름을 부었다. 기름은 예수님의 임재를 상징하기 때문이다.

그렇다면 기름을 준비한다는 의미는 무엇인가. 예수님의 말씀으로 채운다는 것이다. 어둠을 몰아내고 불을 밝히려면, 빛을 발하려면 예수님의 말씀, 즉 기름이 필요한 것이다.

미련한 자는 등을 가지되 기름을 갖지 않았다. 아무리 좋은 자동차를 가지고 있어도 기름을 넣지 않으면 달리지 못한다. 무용지물이다.

겉으로는 그럴싸한 모습의 크리스천도 성령님께서 기름을 붓지 않으시면 아무 능력이 없다. 그 기름이 바로 아들의 복음이다. 그 복음의 말씀을 우리의 자궁에 품고 약속의 아들을 낳아야 하는 것이다.

잉태와 해산에 담긴
성경적 의미

여성이 임신을 하면 열 달 만에 생명이 탄생한다. 그동안 생명을 지키는 싸움을 해야 한다.

아기를 가지면 입덧을 한다. 내가 하고 싶은 대로 하는 것이 아니라, 내 안에 있는 생명이 시키는 대로 한다. 내가 말씀의 씨를 잉태한다는 것이 이와 같다. 내 안에 있는 생명(아들)이 시키는 대로 한다. 그리고 엄마는 그 아기(생명)를 위해 모든 것을 내어준다.

나에게도 그런 경험이 있다. 하나님께서 잉태와 해산을 영적으로 깨닫게 하시기 위해 늦둥이를 주셨다.

아이를 임신하고 있는 동안 임신당뇨에 걸렸다. 약을 먹으면 아기의 생명에 지장이 있을까봐 약을 먹지 못했다. 밥을 먹을 수도 없었다. 야채와 두부, 생선으로 열 달을 견뎠다.

당시 기도원에서 생활하고 있었다. 기도원 사람들이 주말에 파티를 열었다. 지독한 고문을 받는 듯했다. 막달에는 입맛이 당기는데 못 먹으니, 완전 지옥이었다. 그래도 참았다. 배 속의 아기를 보호하기 위해서였다.

이처럼 우리는 말씀의 씨를 받아 잉태를 한다. 열 달 동안 잘 지켜야 비로소 생명을 출산할 수 있다.

우리 안에 예수 그리스도의 생명이 잉태되었다. 그 생명이 열 달의 기간을 통하여 완전한 아들로 탄생하기까지 내 생명을 내어 주어야 한다. 엄마가 아기에게 모든 포커스를 맞추고, 태교를 하고, 희생을 하는 것처럼 말이다.

우리가 신부로서 아들을 잉태해서 낳기까지는 내가 나의 삶을 주장하는 것이 아니다. 내 안에 잉태된 아들이 나를 주장하는 것이다. 나는 그를 위해 존재하는 것이다. 그것이 성령의 인도하심, 성령의 이끄심에 나를 내어드리고 순종하는 것이다.

내 자아의 욕심과 욕구, 생각과 의지, 판단과 계획은 십자가에 못 박고, 오직 예수 그리스도, 어린양이 어디를 가든지 따라가는 자가 되어야 진정한 신부이다. 그리하여 반드시 약속의 아들을 낳아야 한다. 로마서 8장과 요한계시록 21장에 아들만이 기업을 얻고 유업을 받는다고 했기 때문이다.

이렇게 내 안에 잉태된 아들로 인해 Union Christ, 예수 그리스도와 내가 하나가 되는 연합을 통해서만 구원이 이루어진다. 그 연합, 하나 됨은 어린양 예수와 내가 부부로 하나가 되는 것을 의미한다.

요한복음 17장에 따르면 영생은 참 하나님과 그의 보내신 아들을 아는 것이라고 했다. 영생은 구원이다. 영생을 얻어야 한다. 영생은 그 어떤 것과도 바꿀 수 없다. 값을 매길 수도 없고, 양보할 수도 없다.

하나님은 남성과 여성의 관계를 통하여, 신랑 예수 그리스도와 교회의 관계를 상징으로 보여주고 있다. 우리가 가장 밀접하게 경험하고 느끼는 관계를 통하여, 하나님은 구원의 이야기를 들려주시는 것이다.

우리는 그리스도와 하나 되어야 한다고 말한다. 그런데 어떻게 해야 하나가 되는지 제대로 알지 못한다. 그분은 영이시기 때문에 보이지도 않고, 어디 계신지도 모른다.

하나님은 말씀으로 거듭난다고 하셨다. 말씀은 씨이다. 그래서 천국의 비밀, 밭의 비유, 씨 뿌리는 자의 비유를 말씀하신 것이다.

신랑 예수 그리스도의 씨가 내 안에 들어와 말씀과 내가 하나 되고, 그 말씀을 깨달을 때, '야다'가 된다. '야다'는 부부의 하나 됨을 말한다.

영적으로도 야해져야 되는데, 야하다는 것은 부부관계에 비밀이 없다는 것이다. 비밀이 없는 완전한 하나, 둘이지만 하나인 관계이다.

내가 아기를 잉태하면 아기와 나는 분리될 수 없는 하나가 된다. 신부의 자궁에 씨가 들어와 반드시 약속의 아들을 낳아야 구원이 이루어진다. 그것이 바로 하나 됨의 비밀이다.

메시아의 족보에 등장하는 여인들은 정결한 여성들이 아니다

마태복음 1장 메시아의 족보에 여러 여성들이 등장한다. 하와, 사라, 다말, 라합, 룻, 우리아의 아내 등이 나온다.

인류 최초로 죄를 저지른 자가 여자이다. 여자를 통해 범죄가 들어오고 저주가 임했다.

창세기 3장에 옛 뱀이 하와와 교제를 했다는 것은 음란한 사건이고, 영적 간음을 뜻한다. 하나님의 아들 예수 그리스도의 진리와 하나 되지 않고 옛 뱀(사탄, 마귀)의 말을 듣고 그와 교제하며 말을 섞었다는 것은 영적으로 음란이요, 간음인 것이다.

다시 말해, 하와의 자궁이 더럽혀졌다는 의미이다. 하나님이 여성을 만드실 때 자궁을 만드신 이유는 분명하다. 자궁으로 생명의 씨가 들어와 생명이 자라고 태어나기 때문이다.

기이하게도, 메시아의 족보에 나오는 여성들은 거룩하고 정결한 여성들이 아니다. 게다가 음녀, 창녀들이었다는 점은 참으로 충격적이다. 그러나 여기에 놀라운 구속사의 비밀이 담겨 있다.

사라는 생명을 나을 수 없는 여자였다. 그러나 하나님께서 생명을 갖게 해주셨다. 옛 자궁을 없애고 재창조적인 영적 새 자궁을 주셨다는 것이다. 하나님의 역사가 이 세상에 창조된 것을 마지막 때 무너뜨리시고, 새 창조의 새 하늘과 새 땅을 주시는 것과 같다.

첫 번째 것을 폐하고 둘째 것으로 세우는 것이 성경의 원리이다. 즉 옛것은 지나고 보라 새 사람이 되는 것이다. _고후 5:17

요즘의 '미투 사건'을 떠올려보자. 이는 자신이 원치 않는 관계가 생겼다는 것이다. 폭력적으로 자궁이 더렵혀졌다는 의미이다.

자궁이 깨끗해야 거룩한 메시아가 태어날 수 있다. 그러나 이미 첫 번째 여자부터 자궁이 더렵혀졌다. 자궁이 더렵혀졌다는 것은 피(생명)가 더렵혀졌다는 것이다.

다말과 시아버지 유다의 사건은 그야말로 '19금의 이야기'이다. 시아버지와 며느리가 성관계를 맺는다. 그런 불경스러운 사건을 기록해 놓은 이유는 무엇인가.

성경은 거룩한 경전이다. 절대 19금 이야기를 하려는 것이 아니다. 성경은 윤리, 도덕의 잣대로 이해될 수 없다. 작가이신 하나님의 의도를 파악해야 한다.

성경의 역사는 부적절한 관계, 부정적인 관계, 더러운 관계를 파

헤치려는 '미투 사건' 같은 것이 아니다. 오직 예수 그리스도의 생명에 관한 것만 다룬 것이다.

다말이 시아버지와 근친관계를 했던 때는 양털 베는 시기였다. 축제가 열렸고, 우상 신전에는 창녀들이 있었다. 다말은 그 창녀의 역할을 한 것이다.

메시아 족보에 나오는 또 다른 여인 라합은 기생이었다. 짐작컨대 숱한 남자들과 음란한 행위를 했으리라. 또한 우리아의 아내는 남편이 있었다. 그럼에도 다윗과 간음을 했다. 룻도 이방 여인이었고, 과부였지만 룻이 먼저 보아스의 방에 들어갔다.

우리의 이성과 윤리 도덕으로는 이해가 되지 않는다. 그러나 하나님은 이런 역설을 통해 오히려 예수 그리스도의 구속사를 보여 주신다. 여성들의 더러워진 자궁을 없애고, 오직 하나님만이 하실 수 있는 새 창조의 역사를 예시하시는 것이다.

성경은 역설이다. 사라는 아기를 낳을 수 없는 자궁을 지녔다. 그러나 하나님께서 재창조의 역사로 약속의 자녀를 주셨다. 가장 거룩하고 정결한 메시아 탄생을 위해, 놀랍게도 역설적으로 보여주신 것이다.

성경을 문자적으로만 해석하면, 절대 하나님의 의도를 알 수 없다. 우리 안에도 다말, 라합, 룻, 우리아의 아내가 있다. 따라서 우리의 자궁을 치유하고 회복해야 한다.

지금 나는 약속의 자녀를 가질 수 없는 더러운 자궁일지라도, 하나님이 새 자궁으로 치료해 사라와 같이 열국의 어미로 만드신다는 것이다.

사라의 자궁은 제 역할을 하지 못했다. 그러나 사라에게는 영적 자궁이 있었다. 하나님이 사라를 통하여 하고 싶으신 이야기가 있으신 것이다.

여기서 다말, 라합 등의 여인은 예수 그리스도의 복음과 진리를 만나기 전, 율법과 저주 아래 있었던 우리의 모습을 보여준다.

사라는 원래 아기를 못 낳는 경수가 끊어진 여자였다. 그러나 성령님이 강권적으로 역사하셔서 약속의 아들을 잉태한다. 약속의 아들이라는 것은 이처럼 말씀의 씨로 잉태해서 낳은 아들이며, 그 아들이 이삭이다.

분명히 주목할 바는, 예수님을 잉태한 여인들이 거룩하고 깨끗한 여인들이 아니었다는 점이다.

하와는 더럽혀져서 에덴에서 쫓겨나와 죄를 통해 저주받은 여인이 되었다. 예수님의 계보에 있는 다말은 창녀로 변장하여 시아버지와 음행을 했다. 사라는 아브라함의 이복누이였다. 즉 근친상간의 죄를 범한 셈이었다. 룻도 모압 여인으로 이방 여인이기 때문에 더럽고 자격이 없었다. 라합은 몸을 파는 기생 출신이며, 밧세바도 다윗과 음행한 여인이다. 그런데 이 여인들이 다 예수 그리스도의 계보에 있다.

이들은 하나같이 다 이방인이고 음행과 관련됐다. 그럼에도 어떻게 거룩한 메시아를 낳았을까?

하와의 더럽혀진 피와 자궁을 치유할 수 있는 분은 오직 예수 그리스도이시다. 우리의 인생이 다 하와와 같고, 사라와 같다. 다말과 같은 타락, 부패한 인생이다. 하지만 예수 그리스도가 오셔서 그 모든 것을 씻어냈다. 그 자궁을 치유하신 것이다. 할렐루야!

나를 믿는 자는 성경에 이름과 같이 그 배에서 생수의 강이 흘러나오리라 하시니 _요7:38

그 배가 바로 코일리아, 자궁이다. 그러므로 마지막 때에 하나님이 쓰시는 신부들은 예수 그리스도의 피로 깨끗하게 되어서 그와 연합된 자, 그를 생명의 씨로 잉태한 자들이다.

그 자궁은 하나님이 완벽히 깨끗하게 해주신다. 오직 십자가에서 흘리신 예수 그리스도의 죄 없는 피로 깨끗함을 받고, 그분의 생명의 피로 수혈받아야 한다.

마지막 때 여성을 쓰시는
영적 원리

이는 선지자를 통하여 말씀하신 바 내가 입을 열어 비유로 말하고 창세
부터 감추인 것들을 드러내리라 함을 이루려 하심이라 _마13:35

하나님께서 아담을 먼저 만드셨다. 그리고 아담에게 선악과를 먹
지 말라고 말씀하셨다. 그런데 그 선악과를 누가 먹었나? 하와가 먹
었다.

하와는 여자이고 신부이며 교회를 뜻한다. 신부가 죄를 지었기 때
문에 죄지은 그 상태로 신랑이 신부를 맞이해 천국에 갈 수가 없다.
이 땅의 마지막 때, 예수께서는 타락한 신부를 완전히 변화시켜 왕
후로 만드신다. 그리하여 마침내 거룩한 신부로 맞이한다. 이것이
성경의 원리이다.

사래를 사라로, 와스디에서 에스더로 변모케 하신 이유가 있다.
신부의 모든 자격과 요건을 갖추도록 신부 단장을 시켜 천국에 들

어가게 하신 것이다.

그렇다면 우리는 지금 이 모습으로 갈 수 있는가?

자기 자신을 영적으로 점검해야 한다. 말씀으로 신부로서 단장을 해야 한다.

예수님이 이 땅에 오셔서 처음으로 영계의 비밀을 말씀하신 것이 바로 사마리아 여인이었다.

사마리아 사람들은 유대인들에게 천대를 받던 사람들이다. 가장 싫어하는 개 취급을 받던 사람들이다. 앗시리아인들과 유대민족이 섞여 혼혈이 되었기 때문이다.

예수님께서 유대인들에게 배척당하고 멸시받는 사마리아 여인을 일부러 방문하신 것은 참으로 놀라운 일이었다. 열두 제자를 일부러 다른 곳으로 보내신 다음 사마리아 여인을 독대하셨다.

"다시 오실 메시아, 내가 그로라!"

모두에게 버림받은 죄 많은 여인에게 처음으로 그 계시를 주셨다. 참으로 충격적인 사실이다.

이러한 놀라운 하늘의 비밀을 처음으로 알려주신 대상이 이방인 여자, 그것도 결혼을 다섯 번이나 한 더럽혀진 여자였다. 이 사실은 이 땅의 여성들이 주목해야 마땅한 일이다.

마지막 때에는 많은 여종들에게 계시를 주신다고 믿는다. 종말의 때에는 말씀의 지혜와 계시의 영으로 영계의 비밀을 다 풀어주신다. 성령의 기름부음이 임하면 "기름부음이 모든 것을 너희에게 가르치시리라"_요일2:27 고 말씀하신다.

마지막 때 여성을 쓰시는 영적 원리들이 있다.

예수님이 부활하셨을 때 처음으로 만난 사람들이 다 여성이다. 처음 부활을 목격한 자만이 사도인데, 그렇다면 진짜 사도는 누구인가?

막달라 마리아가 부활을 처음 목격한 증인이다. 그러므로 그녀가 첫 사도가 되는 셈이다. 2017년 로마 교황청이 그녀를 사도로 인정했다. 그동안 남성위주의 편집으로 기록되었기 때문에 감춰진 것이다.

일곱 귀신 들린 막달라 마리아도 비밀이다. 창녀의 개념이 아니다. 성경은 인간적인 선과 악의 개념들을 이야기하려는 게 아니다. 신랑 예수 그리스도와 교회인 신부의 결혼을 통해 구원의 역사가 완성된다는 것을 말씀하신다.

성경은 오직 교회와 예수 그리스도에 관한 이야기이다. 성경 전체는 신랑과 신부의 말씀이다.

성경말씀은 이 땅에서 말씀으로 복 받고 살기 위한 단순한 지침서

나 안내서가 아니다. 그런 값싼 말씀일 리 없다. 예수 그리스도가 누구시라는 것, 우리가 만나서 영원히 같이 살 그분이 누구시라는 것을 밝히고 있다. 또한 그 신랑을 만날 신부가 땅에서 어떻게 신랑을 기다리고 단장하며 준비할 것인가를 알려주는 유일한 구원에 관한 책이다.

인생은 길지도 않고 신랑 예수님에 대해 알 수 있는 시간도 충분하지 않다. 마지막 때에 여성을 쓰시겠다는 힌트를 주신 것을 우리는 반드시 알아야 한다. 왜냐하면 여성은 전체 신부(교회)의 대표이기 때문이다.

이 신부를 통하여 예수 그리스도 자신을 드러내시고 계시하시기 위하여 하늘의 놀라운 영계의 비밀을 여성에게 주신 것이다.

이 시대에도 여성이 드러나서 쓰임 받으면 좋겠지만, 영계의 비밀은 사회적으로 드러내 이름이 알려지고 높아지며 쓰임 받는 것이 아니다. 사회적 제도와 기득권 세력은 여전히 남성위주의 힘의 논리에 의해 지탱되고 있다. 아직도 많은 여성 차별이 행해지고 있는 것이 현실이다.

여자들이 수치스럽게 수모를 당하고 있다. 그러나 이는 교회인 신부들이 겪어야 하는 영적 원리이다. 예수님도 십자가에 달리실 때 가리시지 못하고 완전히 홀딱 벗김을 당하셨다.

하나님이시고 인간이신 그분이, 가장 큰 수치를 드러내시고 모욕을 받으신 것이다. 이로써, 그동안 우리 여자들이 받았던 수치와 멸시는 씻김을 받았다. 예수님께서 당하신 수치와 모멸과 조롱으로 다 가져가신 것이다.

"예수님이 채찍을 맞으심으로 너희가 나음을 입었도다"_벧전2:24고 했다. 우리 육신의 고통과 질병뿐 아니라 마음의 질병과 상처도 예수님이 담당하신 것이다.

이 영적 원리와 말씀을 통해, 수천 년 동안 내재되어 있던 여성들의 상처와 한이 반드시 치유되어야 할 것이다.

여자는 어떤 존재인가

하와가 선악과를 먹은 것이 인류에게 일어난 비극의 시작이다. 또한 이로 말미암아 세계 역사 안에서 여자의 험난한 삶이 시작되었다.

이스라엘은 여자를 계수에 넣지도 않았다. 인구조사에서도 남자만 숫자에 들어갔다. 지금도 이슬람의 여자들은 눈만 남기고 완전히 가린다. 남자를 똑바로 쳐다보지도 못한다. 남자들은 부인을 여러 명 두는 게 당연하다. 이를 시기하거나 질투해서도 안 된다. 지금 21세기에도 크게 달라지지 않았다. 이 얼마나 부당한 대우인가.

과거 많은 나라에서 여자는 재수 없는 존재로 여겨졌다. 심지어 여자를 사악한 요물이라고도 했다.

요물은 상대를 유혹해 함정이나 나쁜 것에 빠뜨린다. 인간이 아닌 귀신 같은 존재로, 여자를 생각한 셈이다. 인류역사상 남자에게 여자는 그런 취급을 받았다. 존귀하게 대접받지 못했다. 오히려 죄에 빠뜨리는 존재로 사악하게 여겼다.

하나님은 여자를 보며 감탄하셨다. 세상의 남자들은 여자를 재수 없다고 여겼다. 너무나 대조적이지 않은가.

왜 그랬을까. 하와가 뱀을 먼저 만나 범죄 했기 때문이다. 하와의 범죄로 여자를 비하하는 풍조가 생겼다. 온 인류의 여자가 억울한 대접을 받으며 수천 년을 살아왔다.

그러나 하나님은 공평의 하나님이시다. 말씀에 헬라인이나 유대인이나, 자유자나 종이나, 여자나 남자나 다 평등하다고 했다. 따라서 하나님 나라에서는 여자가 하위고 남자가 상위가 아니다. 모두가 평등하다. 여자에 대한 오해와 편견과 상식들이 얼마나 잘못된 것인지를, 하나님이 말씀을 통해 알게 하셨다.

나는 여성 우월주의나 페미니스트가 아니다. 오로지, 성경의 본 뜻이 왜곡되었다는 점에 주목할 따름이다. 여자를 남자의 보조적인 역할을 하는 열등한 존재로, 단지 돕는 배필로 해석하는 성경학자와 역사학자들의 오류를 바로잡아야 한다. 하나님의 뜻과 의미를 밝혀야 한다. 하나님께서 내게 이 책을 쓰게 하신 이유이다.

먼저 여성을 지으신 뜻을 바로 알고 여성의 정체성을 확립해야 한다. 이것은 하와를 지으시는 과정에 그 비밀이 담겨 있다. 지금까지 그 과정을 설명했듯 하나님의 구속사는 창조부터 계획되어 있었고 하와는 그 과정에 쓰임을 받았다.

하나님이 붉은 흙으로 빚어 만든 인간 아담은 예수님을 의미한다. 아담의 '담'은 '피'라는 뜻으로 여기서 붉은 흙과 피는 모두 예수님을 상징한다. 그 아담의 갈비뼈를 취해 만든 여자가 하와이며, 이 여자는 '잇샤'라는 말로 불렸다. 이는 기쁠 때 내는 감탄사라는 것을 설명했다.

결국 여자는 어떤 존재인가?

인간의 역사 속에서 핍박받고 무시당해 왔다. 그러나 여자는 하나님이 감탄할 만큼 아름답게 지어진 존재이다. 하나님의 구속사에서 없어서는 안 될 존재이다. 마지막 때에 예수님과 함께 이 땅을 심판하는 동역자로 역할을 감당할 존재인 것이다.

성경에서 제자들보다 더 빨리 예수님이 메시아인 것을 알았던 진짜 사도는 모두 여자였다. 사도란 부활을 목격한 증인이다.

막달라 마리아가 최초로 예수님의 부활을 목격했다. 그러나 그를 사도라고 부르지 않는다. 남성중심의 사회, 가부장적인 사회가 빚어낸 오류이다.

예수님은 열두 제자들을 다 따로 보내고, 사마리아 여인에게 "내가 메시아다"라고 밝히셨다. 모든 사람들에게 버림받고 무시당한 그 여인에게 직접 찾아가셔서 하늘의 비밀, 자신의 비밀을 보이신 것이다. 얼마나 놀라운 일인가. 예수님이 일부러 남자들을 제외시켰다. 그리고 사마리아 여인에게만 가서 "내가 그로라"고 하신 것이다.

이 세상에서 사람들에게 인기를 얻어 칭송받는 게 축복인가? 아니면 신랑 되시는 최고의 높은 권력자가 나에게만 자신의 비밀을 알려주는 게 축복인가?

세상은 여성을 핍박하고 무시했다. 그러나 예수님은 여성에게 특별한 사랑을 베푸셨고, 놀라운 사명을 주셨다. 이보다 더 큰 축복이 있겠는가.

그렇다면 하나님이 왜 여성들을 쓰시는가.

인간 사회는 거의 가부장제, 남성 중심의 사회로 이루어졌다. 힘의 논리가 지배하는 세상이다. 남성 중심적인 사회와 가정의 시스템이 예전이나 지금이나 큰 변화가 없다.

영적인 힘의 원리는 세상의 것과 다르다. 약한 것을 통하여 강한 것을 부끄럽게 한다. 하나님이 이 땅에 보이는 예수님으로 오셨을 때 어떤 모습으로 오셨는지 생각해보라.

그는 주 앞에서 자라나기를 연한 순 같고 마른 땅에서 나온 뿌리 같아서 고운 모양도 없고 풍채도 없은즉 우리가 보기에 흠모할 만한 아름다운 것이 없도다 _사53:2

전지전능하신 하나님이 한없이 약한 모습으로 오셨다.

하나님은 약한 자를 쓰신다. 나의 처지와 형편, 나의 없는 것과 약함으로 내가 불행하다고 생각하는가? 자신을 원망하고 불평하고 자포자기에 빠진 자를 하나님은 절대로 쓰시지 않는다. 오히려 약함을 자랑하고, 하나님의 능력과 권능을 받을 수 있는 가장 좋은 축복의 기회로 여기는 자를 쓰신다.

하나님께서 약한 것을 들어서 힘 있는 자와 권세 있는 자를 부끄럽게 하시고 폐하신 예가 창세기부터 요한계시록까지 줄곧 이어진다.

예를 들어, 아담의 계보에서 아벨은 첫 번째 순교자이다. 고린도전서 말씀의 원리대로라면, 가인이 강한 자이고 아벨이 약한 자이다. 가인은 첫째이고 형이었기에 아벨에 비해 힘도 강하고 권세도 많았다. 아벨은 '아무것도 아니다'라는 Nothing의 뜻이다. 가인이 아벨을 쳐 죽였다. 아벨은 힘이 없고 연약한 자였다.

아벨은 예수 그리스도의 모형이다.

예수님은 가장 강한 자였지만 가장 약하고 천하고 멸시받는 볼품없는 자로 오셨다. 천군 천사를 부를 수도 있는 그의 능력을 발휘하지 않고, 도수장에 끌려가는 양처럼 말없이 십자가에 못 박히셨다. 아벨처럼 그 원수의 손에 죽었다.

이것이 영의 원리에서 강한 자를 부끄럽게 하고 힘 있는 자, 가진 자를 폐하는, 모든 정사와 권세를 십자가에서 도말하신 것이다.

Chapter 2

사래(나의 공주)에서
사라(열국의 어미)가 된 나의 인생

사래에서 사라로, 이름의 의미

아비가일, 라합, 에스더, 사라.

유대전승에 따라 성경 속 가장 아름다운 여성으로 꼽힌 네 명이다. 그중 사라가 으뜸이라고 했다. 오죽하면 아브라함은 왕들이 아름다운 아내 사라를 차지하기 위해 자신을 해칠까봐 두려워 누이라고 속이기까지 했을까. 이렇게 아름다운 여인 사라는 세 개의 이름을 가지고 있었다.

사라의 첫째 이름은 '이스카'이다.

'보다'라는 뜻이다. 하나님의 영감에 의해 미래를 내다보는 능력을 가졌다는 의미이다. 아름다움 때문에 타인이 자신을 바라보게 만들었다는 의미이기도 하다.

두 번째 이름은 '시라이'.

정숙함에 눈을 뜬 후에는 '나의 공주다'라는 의미의 '시라이'로 불렸다. 장차 왕족의 정체성으로 나아갔음을 암시한다.

마지막에는 하나님에 의해 '사라'라는 이름을 얻는다.

사라는 하나님께서 많은 나라의 영적 어머니로 높이 들어 올리실 것을 암시하는 이름이다.

하나님께서 이름을 새로 주신다는 것에는 영적인 의미가 담겨 있다. 그 사람을 향한 하나님의 놀라운 섭리와 계획을 선포하신 것이다.

하나님이 택하신 성도를 어떻게 당신의 뜻대로 이루어 가실까. 그 해답이 이름 안에 담겨져 있다. 또한 이름이 바뀌면서 그 존재 자체가 변화된다. 이전과는 다른, 새로운 차원의 삶이 펼쳐진다. 놀라운 인생의 반전과 새로운 차원으로 탈바꿈하게 되는 것이다.

성경은 이름에 참으로 중요한 의미를 두고 있다. 하나님의 이름, 예수 그리스도의 이름이 가장 중요하다.

"예수 그리스도의 이름으로 기도합니다."

이렇듯 이름으로 기도를 맺는 이유는 그래야 하나님이 들으시기 때문이다. 그만큼 이름 안에는 깊은 의미가 담겨 있다.

요한계시록 7장과 14장에서 보면, 하나님이 택한 거룩한 신부들은 그 이마에 하나님의 인과 어린양의 인을 치신다. 인이란 이름을 새긴 도장이다. 즉 성도들의 이마에 하나님의 이름과 예수 그리스도의 이름을 적는다는 뜻이다.

이는 영적으로 중요한 의미를 갖는다. 그 이름이 찍힌 사람들만이 생명책에 기록되기 때문이다.

하나님께서 주신 새로운 이름은 구원과 관련된 중요한 의미를 담고 있다. 여기서 영적으로 놓치지 말아야 할 사실이 있다. 하나님의 이름이 내 이름과 하나가 되어야 한다는 점이다.

하나님께서는 요한계시록 2장에 버가모 교회에게 말씀하시기를 '이긴 자에게는 새 이름을 주신다'고 하셨다.

> 귀 있는 자는 성령이 교회들에게 하시는 말씀을 들을지어다 이기는 그에게는 내가 감추었던 만나를 주고 또 흰 돌을 줄 터인데 그 돌 위에 새 이름을 기록한 것이 있나니 받는 자 밖에는 그 이름을 알 사람이 없느니라 _계2:17

새 이름은 하나님이 주시는 이름이다. 그 이름 속에 영적 의미가 있다. 하나님의 계획과 섭리와 뜻이 담겨 있다.

사래는 '나의 공주'라는 뜻이다. 아기를 갖지 못했을 때, 그의 이름은 '공주'의 신분을 말해준다.

아브라함이 사래를 너무 아끼고 사랑해 쥐면 꺼질까 불면 날아갈까 공주로 떠받들었으리라. 그럴 만도 했다. 나이 60세가 넘었을 때 바로 왕이, 70세가 넘었을 때는 아비멜렉 왕이 납치할 정도로 예뻤다.

이렇게 공주같이 살던 사래의 이름이 바뀌었다. 하나님이 새 이름을 주신 것이다. 사래에서 사라로.

사라는 '열국의 어미' '열국의 왕후'이다. 열방을 품을 수 있는 자, 마지막 추수 때의 사명을 감당하는 자, 생명을 낳는 자를 의미한다. 공주가 진짜 예수 그리스도의 신부가 된 것이다. 이삭을 잉태하고 열국의 어머니로 거듭난다.

갈라디아서 4장에서는 사라를 '자유 하는 어머니'라고 했다.

여자는 약하나 엄마는 강하다. 왜 강한가? 아기 때문이다. 엄마는 자기 혼자의 몸이 아니다.

하나님은 이미 생태적으로 여성이 아기를 가지면서 자신의 생명을 나누어 주도록 만드셨다. 생명을 잉태하고, 해산하고, 자신을 희생하고, 쪼개고, 내어주는 존재로 여성을 만드신 것이다.

나에게 사라의 이름을 주시고
펼쳐 가신 '사라 사역'

필자 또한 주님께서 사역 가운데 이름을 두 번 바꾸어 주셨다.

약 20년 전쯤, 깊은 기도 가운데 내 안에 성령님의 음성이 들렸다.

"사랑하는 딸아, 앞으로 너의 이름은 사라이다."

그때는 이름을 바꾸어 주신 주님의 뜻을 잘 깨닫지 못했다. 그러나 이후 내 인생에 예기치 못한 일들이 계속 일어나기 시작했다.

한번은 남편 목사님과 미국에서 열린 영성 컨퍼런스에 초대되어 갔었다. 사역자 몇 분이 나에게 하나님께서 아들을 주실 거라고 예언을 했다.

그때 내 나이 40을 넘어서 있었다. 결혼 후 아들을 낳고, 고된 시집살이를 하면서 체력이 극도로 약해진 상태였다. 다시 임신해 아이를 키운다는 것은 상상할 수도 없었다. 그런데 아들을 주실 거라니? 그야말로 'No, Thanks'였다. 오히려 하나님께 임신이 안 되게 해달라고 기도하고 있던 터였다.

그후, 미국에서 오신 여성 사역자 분이 진행하는 국내 컨퍼런스에 참석하게 되었다. 그분은 세계적으로 알려진, 여선지자 같은 분이었다. 그날 설교 내용이 아브라함과 사라에 관한 내용이었다. 주로 사라를 통한 여성의 사명에 대한 말씀이었다.

나는 세미나 룸 중간쯤에 앉아 은혜를 받고 있었다. 갑자기, 여자 목사님께서 나를 지명하여 부르고 일으켜 세우셨다. 그리고 예언의 말씀을 전해주셨다.

"하나님께서 오늘부터 당신을 '사라'라고 이름을 바꾸어 주시고, 사라와 같은 삶을 살며, 그와 같은 사역도 하게 될 것입니다."

그리고 6개월이 흘렀다. 내 신체에 변화가 오기 시작했다. 이상한 느낌이 있어서 산부인과에 갔다. 초음파 사진을 찍었는데 놀랍게도 강낭콩 크기와 모양으로 생명이 보이는 것이 아닌가.

당시에 얼마나 충격을 받고 당황했는지 모른다. 사실 우리 부부는 아기를 갖기 어려운 현실이었다. 정말 믿기 힘든 일이 일어난 것이었다.

더 신기한 일은 임신하기 몇 달 전, 꿈을 꾸었는데 남편에게 말하니 태몽이라고 했다. 그때는 말도 안 된다고 했는데, 실제로 태몽이 되고 말았다.

남편 목사님은 거의 60이 다 되는 노년기 아빠였다. 나 역시 40이 넘은 나이에 아브라함 부부처럼 아기를 갖게 되었다. 아들이 태어났고, 그 아이의 이름이 '이삭'이다.

실제로 내 삶에서 사라의 육적 인생 스토리가 펼쳐졌다. 또한 영적인 사역들도 이때부터 초자연적으로 이루어지는 놀라운 일들이 생기기 시작했다.

사실 그때 주님께서 나를 주의 종으로 부르시는 사명감을 느꼈고, 신학교를 가야겠다는 계획을 세우고 있던 까닭에 더욱더 놀라웠다. 성령님의 은혜로 목사가 되어 일생을 주님을 위해 사역에 전념하기로 결심했던 즈음이었던 것이다.

막상 임신을 하고 나니 모든 계획이 물거품이 되어버린 느낌이었다. 늙은 나이에 아기를 낳고 키우는 일은 몸이 약한 처지에서 감당키 어려운 일이었다. 육아도 하고, 살림도 하고, 교회 사모의 일도 하고, 거기에 신학교까지 다닌다는 것이 불가능하게 느껴졌다.

그러나 모든 것은 한낱 인간의 소심한, 믿음 없는 염려일 뿐이었다. 하나님이 당신의 때에 정확히, 내가 사명의 길을 갈 수 있도록 모든 여건을 만들어 가셨다.

하나님이 나에게 또 하나의 이름을 주셨다.

목사안수 전날, 안수식 리허설 시간이었다. 목사 후보생들이 마지막으로 십자가 앞에 나아가 결단하는 기도 시간이 있었다.

나는 마지막에서 두 번째 차례였다. 앞에 분들이 모두 눈물을 한 바가지씩은 흘린 것 같았다. 나도 십자가에 달려 피 흘리시는 예수님을 생각하며 눈물로 기도하려고 강단에 올라갔다.

그런데 엎드리자마자 눈앞에 환한 빛이 비치는 것이었다. 그리고 예수님이 치아를 다 드러내고 웃으시는 환상이 보이는 것이 아닌가.

"나는 네가 너무나 기쁘다."

예수님의 말씀에 나는 두렵고 떨리는 목소리로 물었다.

"제가 무엇을 했습니까? 이제 목사가 되겠다고 앉은 저에게 무엇이 기쁘시다는 것입니까?"

그러자 또 말씀해 주셨다.

"아무것도 모르는 네가 어떻게 목사의 길을 가려느냐. 어떻게 이 십자가의 길을 가겠느냐. 어떻게 네가 여기에 앉아 있느냐. 근심치 말아라. 내가 너무 기쁘다."

그리하여 나는 다시 이름을 얻었다.

조이(기쁨), 엘(하나님). 하나님의 기쁨이다. 사실, 주님께서 기뻐하시는 신부인 우리는 모두 '조이엘'이다.

하나님께서 사라의 이름을 주신 이후, 목사안수 받고 나서 바로

2012년 말부터 전국 목회자 세미나를 주의 은혜로 감당하게 되었다. 나는 이때부터 이름을 '조이엘' 목사로 바꾸었다. 전혀 알려지지 않은 사역자로 집회를 인도했다. 그럼에도 하나님의 강권적인 역사로 1년 만에 다녀가신 목사님들만 1천 명이 넘었다.

하나님께서 부족한 여종을 통해 열방을 깨우고 사라들을 세우는 열국의 어미 '사라 사역'을 열어 가신 것이다.

나도 온실 속의 공주였다

나는 일곱 달 반 만에 태어났다. 사도 바울의 고백처럼 만삭 되지 못해 태어난, 달수를 채우지 못한 미숙아였다.

그 시절에는 인큐베이터도 없어서 정상적으로 사는 것 자체가 기적이었다. 이모의 표현에 의하면, 살은 없고 피부에 주름만 있어 시커먼 걸레를 꽉 짜놓은 형상이었다고 한다.

부모님은 나를 불면 날아갈까, 쥐면 꺼질까 노심초사하며 키우셨다. 그러나 몸이 너무 약해서 밖에 나가 아이들과 고무줄놀이 한번 제대로 못한 채 성장했다.

키 165센티미터, 몸무게 38킬로그램. 고등학교 3학년 때의 신체였다. 태어나면서부터 당시까지 나는 줄곧 너무나도 여리고 볼품없었다.

내게는 위로 언니만 있었다. 아버지가 3대 독자였고, 어머니는 재일교포로 한국에 시집와서 친척도 거의 없었다.

어려서부터 몸이 약해 친구들과 어울려 놀지도 못했다. 그러다 보니 성격은 한없이 내성적이고 소심했다. 그저 집 안에서 어리광이나 부리면서 이기적으로 자랐다.

외부와의 접촉이 거의 없다 보니, 대인기피증을 넘어 대인공포증까지 있었다. 사람들이 많은 곳은 가지도 못했다. 사람들과 만나 인사도 제대로 못하는 지경이었다.

사회성이 너무나 부족해 사는 것 자체가 두렵고 무서웠다. 겁도 많고 마음도 여려서 누군가에게 조금만 싫은 소리를 들으면, 그 상처에서 헤어나지를 못했다.

힘든 상황을 맞닥뜨리면 적응하지 못하고 회피하려 들었다. 혹 의지할 상대가 생기면 그 친구 하나에게만 매달려 지냈다. 오죽하면 대학교 때 별명이 '애기'였을까.

나실인(하나님께서 태어나면서부터 구별되게 살게 한 자)도 아닌데 어려서부터 몸이 약해 사람들과 구별되게, 거리를 두고 살아왔던 것이다. 대학 졸업 후에도 사회생활이나 공동체 생활을 해본 적이 없었다.

그야말로 나는 온실 속의 공주였다.

예쁜 것만 좋아하고, 멋 부리는 데 관심이 많았다. 사라가 되기 전 사래처럼, 소심하고 사회성 부족한 온실 속 공주가 바로 나였다.

이렇듯 나는 사람들 앞에서 말 한마디 제대로 못했다.

이런 나를 하나님이 완전히 다른 차원의 새로운 존재로 만들어 주셨다.

지금 나는 세계적으로 3천 명이 넘는 기도운동 네트워크를 이끌고 있다. '300 용사 세계 선교회'의 리더이다. 전국 목회자 세미나 강사로 서고 있다.

수많은 사람들 앞에서, 세계적인 규모의 강단에서 하나님의 말씀을 거침없이 전하고 있다. 원고도 없이 선포하는 강력한 파워의 영성 여성사역자로 다시 태어난 것이다.

누가 설명할 수 있을 것인가. 정말 놀라운 하나님의 역사요, 오로지 초자연적인 은혜이다.

초신자가 사모가 되다

나는 불신자 가정에서 태어났다. 대학교 다닐 때까지 불신자였다. 부모님 역시 예수 그리스도를 모르는 분이라 생각하며 살았다.

대학 졸업 후 처음으로 교회를 나갔다. 곽선희 목사님께서 시무하시는 소망교회였다.

출석하는 즉시, 마치 기다리기라도 하신 듯 주님께서 본격적으로 내 인생에 개입하시기 시작했다. 아마도 '사라'로 살게 하시기 위해 이때부터 주님이 이끄신 듯하다.

교회에 출석하고 6개월 만에 결혼하였다. 소망교회에 처음 부임해 오신 전도사님이었다. 초신자 상태에서 사모가 되는, 정말 있을 수 없는 일이 생긴 것이었다.

남편 목사님은 합동 측 유명한 교회와 기도원에서 강사로 사역하고 있었다. 하나님께로부터 치유의 기름부음과 은사를 강력하게 받아 안수할 때마다 기적적인 치유가 일어났다. 소경이 눈을 뜨고, 앉은뱅이가 일어나며, 전신마비 환자가 그 자리에서 일어났다. 각종 암 환자들이 치유를 받는 등의 초자연적인 역사로 주님께서 그분을 쓰시고 계셨다. 그러던 중 소망교회에서 스카우트하게 되었고, 환자들을 돌보는 사역을 맡았다.

처음 부임해 오자마자 한 권사님께서 눈이 안 보이게 되었다. 담임목사님께서 그 권사님을 전도사님에게 보내셨는데, 그 자리에서 눈을 뜨고 밝히 보게 되었다. 이 기적의 스토리가 '새롭게 하소서'라는 방송에서 소개되었다. 그러자 주일에 전도사님께 기도 받으려는 교인들로 북새통을 이뤘다.

교회에 출석한 지 얼마 되지 않았을 때, 아버지가 쓰러졌다. 평소 꽤 건강하셨는데 갑자기 배가 아파 병원에 가게 되었다. 큰 병원에 가서 조직 검사를 해보라는 진단이 나왔다. 검사 결과 급성 간경화에서 간암으로 진전되어 있었다.

초신자였던 나는 아버지 병을 고쳐달라고 새벽마다 교회에 가서 울면서 매달렸다. 어느 날 새로 부임하신 전도사님 이야기를 들었다. 하나님께 받은 신유의 역사가 강력하게 일어나고 많은 암 환자들이 치유받았다는, 반가운 소식이었다.

나는 그분께 심방 부탁을 드렸다. 전도사님은 이미 알고 있었기라도 한 듯 흔쾌히 심방을 와 주셨다. 하나님께서 이렇게 만남을 이어 주셨다.

아버지는 기도받으실 때마다 부풀어 오른 복수가 조금씩 빠졌다. 미음도 전혀 못 드셨는데 식사를 하셨고, 증세는 빠르게 호전을 보이기 시작했다. 기도를 받을수록 점점 몸으로 느끼는 차이를 지켜보며 아버지는 물론 주위에서도 놀라기 시작했다. 그렇게 시간이 흘러 아버지 몸은 정말 좋아졌고, 병원에서 퇴원해도 된다는 말을 듣게 되었다. 의학적으로 도무지 믿기지 않는 일들이 일어난 것이었다.

남편 목사님이 다른 교회에서 부흥회를 인도하던 날이었다. 그날 무슨 영문인지 나를 데리고 갔다.

설교가 끝나고 사람들 머리 위에 손을 얹고 기도를 하기 시작했다. 그때 일은 지금도 잊히지 않는다. 초신자인 나에게 너무나 충격적인 장면이었기 때문이다.

사람들이 소리소리 지르는데 이제 보니 부르짖는 기도였다. 부녀자들이 가슴을 찢고, 통곡을 하며 울어댔다. 어떤 사람은 펄쩍펄쩍 뛰기도 하고 몸을 흔들고, 난리 법석이었다. 태어나서 그런 광경을 처음 보니 너무 이상하고 당황스러웠다.

드디어 내 차례가 왔다. 나는 무서워서 도망가고 싶었다. 그러나 어느새 두꺼운 손이 내 머리 위에 덥석 얹혀졌다. 그리고는 내 작은 머리통을 누르면서 막 흔들어 대는 것이었다.

그러자 정신이 혼미해지고 몸이 위로 뜨는 것 같은 느낌이 왔다. 입에서는 혀가 말리면서 이상한 소리로 지껄여 대고 있었다.

부흥회가 끝나고 집에 왔다. 몸이 붕붕 뜨는 것 같은 느낌은 계속되었다. 그러나 정신만은 말짱해지면서 잠이 오지 않았다. 침대에 엎드려 기도를 하기 시작했다.

아버지 병을 고쳐 달라고 간절히 기도할 생각이었다. 그런데 느닷없이 이상한 소리들이 내 입에서 나왔다. 와락 눈물이 쏟아지면서 과거의 잘못에 대해 고백하기 시작했다. 눈물, 콧물이 뒤범벅이 되어 침대를 흠뻑 적셨다.

어느 순간에 이르러 기분이 좋아지면서 깔깔대며 웃었다. 속으로, 이거 내가 드디어 미쳤구나, 라는 생각이 들 정도였다. 밤이 깊은 시간이었다. 식구들이 들으면 나를 정신병원에 데리고 가겠다는 생각에 겨우 정신을 차리고 잠자리에 들었다.

그 이후 기도할 때마다 이상한 일들이 계속 생겼다. 성령의 역사였다. 성령의 은사를 받기 전에는 기도를 30분 이상 할 수가 없었다. 기도하는 시간이 내내 고역이었다. 성령 체험 이후 내 기도는 완전히 바뀌었다. 기도할 때마다 방언 찬양이 나오고, 기도가 이어지면서 각 나라의 언어가 내 입에서 흘러나왔다.

그러던 중 아버지에 대한 열린 환상을 하나님께서 보여주셨다.

탕자가 돌아올 때까지
기다리신 하나님

아버지에 대한 이야기를 더 자세하게 해야겠다. 왜냐하면 그분에 대한 하나님의 섭리가 너무나도 명확하기 때문이다.

아버지는 일본에서 유학을 하셨다. 도요마 약학대학을 차석으로 졸업하신 수재였다. '조센징'이라 하여 원래 수석 졸업인데 차석으로 밀려났다고 했다. 귀국 후 평양의 명문대 교수이자 과학원 소장을 맡았다. 서문여고에서 화학 선생님도 하셨고, 여러가지 발명도 했다.

평양이 고향인 아버지는 의학제품들을 팔기 위해 남한에 내려왔다. 그때 마침 6.25 전쟁이 터졌고, 부산까지 피난을 가게 되었다.

그곳에서 어머니를 만났다. 어머니는 재일교포로 부산에 잠깐 놀러왔다가 아버지를 만나 결혼까지 한 것이다.

아버지는 장대현교회를 건축한 신실한 기독교 집안에서 모태신앙으로 태어나셨다. 청년 때까지 기도를 많이 하신 부모님 밑에서 한

96

국 교회의 놀라운 역사를 다 보고 성장하셨다. 1907년 우리나라의 큰 부흥을 주도한 평양 장대현교회에서 성가대원으로 활동하셨다. 길선주 목사님과 가까워 시력이 좋지 않은 목사님을 보좌하며 여기저기 다녔다. 일본 유학까지 다녀와 사회에서도 존경받는 위치에 이르렀다. 그야말로 성공의 탄탄대로를 달렸다.

그러던 분이 전쟁의 격변기에 불신자 어머니와 결혼하면서 삶이 달라졌다. 오로지 사업에만 몰두했다. 또한 아버지는 그때부터 하나님을 떠났다. 놀라운 성령님의 역사를 체험하고, 독실한 기독교 집안에서 자란 아버지가 40년을 방황하며 세상에서 지내셨던 셈이다. 말하자면 아버지는 집 나간 탕자였다.

아버지는 장장 40년 동안 긴 영적 방황을 하셨고, 주님 앞에 나오지 않았다. 그동안 하나님이 여러 번 신호를 보내 부르셨다. 하지만 아버지는 계속 거부하셨다.

빠르게 성장하던 제약회사가 일시에 부도나면서 경제적 위기를 만났다. 그래도 아버지는 꿈쩍하지 않으셨다. 사랑하는 아내가 불치의 병으로 고통받다가 하늘나라로 갔다. 그럼에도 불구하고 아버지는 하나님께 돌아가지 않았다. 그때가 내가 고등학교 3학년 때였다.

마지막으로 하나님은 아버지의 인생 끝자락에 말기 간암이 진행되게 하셨다. 아버지가 낭떠러지 절벽 끝에 있을 때, 하나님께서 나를 부르셨다. 이어 하나님의 종, 지금 나의 남편 목사님을 대면하게 하셨던 것이다.

아버지가 간암으로 병원에 계실 때였다. 새벽 예배가 끝나고 아버지를 위해 간절히 기도하고 있었다. 갑자기 눈앞에 선명하게 영화 같은 장면이 펼쳐지지 시작했다. 한번도 본 적이 없는 환상이었다.

갑자기 앞이 환해지면서 크고 흰 상자가 보였다. 그 상자는 계속 움직였다. 가만히 들여다보니 상자 안에 쓰레기와 잡동사니들이 넘치도록 가득 담겨 있었다.

잠시 후 상자 맨 밑이 달그락거리며 흔들리더니 잡동사니들을 헤치고 하얀 비둘기 한 마리가 비집고 나왔다. 비둘기는 하늘 위로 올라가 사라졌다. 너무나 경이로운 환상이라 현실인지 꿈인지 구분조차 되지 않았다.

그날 놀라운 일이 벌어졌다. 남편 목사님이 병원에 계신 아버지 심방을 왔다. 예배드리는 중에 아버지가 말씀에 '아멘' 하시더니 눈물을 흘리는 것이었다. 그리고는 펑펑 울며 회개를 시작하셨다.

본인이 40년 동안 하나님을 떠나 살았던 것을 회개하였다. 우리 집안의 내력에 대해 처음으로 말씀하셨다. 우리 가문이 4대째 기독교 집안인 점을, 특히 증조할아버지께서 우리나라 최고 영성 대각성운동이 시작된 장로교회 시조인 장대현교회를 건축하셨다고 고백했다. 아버지는 청년 시절 성가대원으로 섬겼으며, 길선주 목사님을 보좌하고 다녔다고 말씀하셨다. 그날 아버지가 다시 예수 그리스도를 영접하는 감동적인 사건이 벌어진 것이었다.

내가 본 환상은 아버지의 40년 인생이었다. 쓰레기와 잡동사니들은 40년 동안 세상에서 방황하며 살면서 아버지의 영에 채워진 것들이었다. 성령님은 그 잡동사니들에 눌려 계셨던 것이다.

나는 그때만 해도 영적인 것에 무지한 초신자였다. 새벽에 기도 중에 본 것을 목사님에게 말하자 영적인 해석을 해주었다. 하얀 비둘기는 성령님을 상징하는데 아버지 안에 계셨던 성령님이 이제 하나님의 때가 되어 회복되셨다고 했다. 침체해 계셨던 성령님께서 아버지의 회개 기도를 통하여 드디어 아버지 영을 자유케 하셨다고 말했다.

참으로 신비하고 신기한 일이었다. 하나님은 아버지 인생에 끝까지 떠나지 아니하셨다. 매일 함께 계셨으며 오래 참고 끝까지 기다려 오셨다는 것이다. 하나님은 계속 아버지를 부르시고 돌아오라고 말씀하셨다. 아버지 인생을 끝까지 추격하셔서 결국 회개를 받아내셨다. 성령님으로 말미암아 아버지 영을 회복시켜 주셨다. 놀라운 감동의 사건이 아닐 수 없다.

꿈을 통해 역사하시는
하나님을 만나다

  어려서부터 꿈의 은사를 주셨는지, 나는 인생의 가장 중요한 사건이 있을 때마다 꿈을 꿨다. 그리고 그 일들은 실제로 정확히 현실에서 일어나곤 했다. 두 번의 고등학교, 대학교 시험도 미리 꿈에 합격한 것을 보여주셨다.

  그때 나의 환경은 이화여대에 입학하기 어려운 상황이었다. 고3 때 어머니가 갑자기 뇌졸중으로 돌아가셨다. 막내로 엄마의 극진한 사랑을 받으며 유약하게 살아온 나로서는 도저히 받아들일 수 없는 현실이었다. 깊은 슬픔과 무기력한 상태였다. 살아갈 의지조차 없었기 때문에 입시를 치룰 수 없었다.

  그때 주님께서 나와 함께하셨고 죽음의 나락으로 떨어진 나를 끌어올리셨다.

나를 기가 막힐 웅덩이와 수렁에서 끌어올리시고 내 발을 반석 위에 두

마치 죽음의 강에서 끌어올리시듯 나를 살리신 것이다. 예수님을 정식으로 영접도 안 하고 교회 나가지도 않았지만, 나는 이미 택함 받은 자녀였기에 늘 임마누엘로 동행해 주셨던 것이다.

대학교를 졸업하고 대학원 1학년 다니면서부터 교회에 나갔다. 그때, 또 꿈으로 예시해주셨다. 바로 지금의 남편 목사님과 결혼식 장면을 보여주셨다. 장소는 소망교회였고, 곽선희 목사님께서 주례를 맡으셨다. 주위 교인들이 수군수군하는 모습들도 보였다.

그 후부터 내 인생에 놀라운 변화가 일어났다. 마치 거대한 폭풍우가 몰아치기 시작한 것 같았다.

나는 거센 바람의 소용돌이 속으로 빠져 들어갔다. 내 맘대로, 내 뜻대로가 아닌 강력한 성령님의 휘몰아치는 바람에 끌려가 지금 이 자리까지 오게 되었다.

결혼식 꿈은 실제 상황으로 현실에서 기가 막힐 만큼 똑같은 모습으로 재현되었다.

사실 우리 목사님과 나는 현실적으로, 환경적으로 절대 결혼할 수 없는 입장이었다. 나는 그분에 대해 아는 것이 전혀 없는 상태였다. 나이 차도 많았으며 결혼할 수 있는 조건이 전혀 맞지 않았다.

당시 나는 유학을 위해 대학원도 휴학했다. 유학의 모든 수속까지 끝마친 상태였다. 티켓팅만 하고 바로 떠나면 되는 상황이었다.

탄탄한 미래를 상상하고 있었다. 유학을 다녀와서 박사학위를 받은 후 대학에서 교수를 하리라. 그때만 해도 여학생 혼자 유학하는 것은 참으로 어려웠다. 경제적 여건도 큰 부담이었다. 그럼에도 불구하고 집에서 뒷받침해 주기로 합의되어 있었다.

그러던 중 갑자기 아버지가 심각한 중병에 걸리셨다. 게다가 당시 미국에서 유학생이 납치되는 사건이 뉴스에 크게 보도되었다. 가족회의가 열렸다. 어린애같이 아무것도 모르는 철부지인 나를 연고자 없이 미국에 보낸다는 것은 너무 위험하다고 판단해 가족 모두 반대를 했다.

나는 이런저런 이유를 들어 설득했지만 아버지께서 조건을 내걸었다. 유학 가고 싶으면 혼자서는 절대 못 보내니 결혼해서 가라는 것이었다.

나는 밤에 잠을 못 자고 대성통곡하며 하나님을 원망하기 시작했다. 하나님께서 살아계신다면 유망한 청년의 앞길을 이렇게 막을 수 있는가? 교회 나가 하나님을 믿기 시작한 주님의 자녀에게 하나님이 더 형통의 대로를 열어 주시고 축복해 주셔야 마땅한 거 아닌가?

이러한 의문과 회의 속에서 정말 마음이 무너져 내렸다.

주님을 인격적으로 만난 후에 알게 되었다. 이때부터 '내가 선택하고 하고 싶은 대로 사는 것이 아니라 하나님의 계획에 따라 나를 강제적으로 이끌어 가시는 역사'가 시작된 것임을.

내가 주님을 영접하게 된 것은, 나의 의지로 예수님을 믿고 신앙생활을 한 것이 아니다. 뒤돌아보면 먼저는 주님께서 내 인생에 들어오셔서 강제로 이끌고 가셨다. 초신자를 목사 사모가 되게 하셨고, 나중에 인격적으로 선한 목자이신 주님을 만나게 해주셨다.

주님이 내 인생에 처음 들어오신 때부터 내 마음대로, 내 뜻대로 된 것이 하나도 없었다. 오직 주님께서 앞서가시고 난 정신없이 주님을 따라가는 인생으로 바뀌었다.

하나님은 사명자를 부르시고 세우시기 위해, 때로는 우리 인생에 과거의 육적인 것들을 다 빼앗아 가신다.

내 인생이 마치 강도가 들어와 엉망진창이 된 것 같았다. 정신없는 소용돌이 속으로 몰아쳐 강제로 그 길을 걷도록 끌고 가시는 것처럼 느껴졌다.

내 인생의 소망이 끊겨 살고자 하는 의욕조차 없어졌을 때, 신기한 일들이 계속 일어났다. 놀랍게도 나를 위해 중보기도자들을 붙여주셨다. 나도 모르는 사이 그분들께서 기도로 내가 사명의 길을 따라가도록 도우셨던 것이다.

그렇다. 나 혼자 가는 것이 아니었다. 하나님은 한 영혼을 부르시고 세우시기 위하여 많은 준비를 하고 계셨다. 동역자들을 붙여 주시어 입체적으로 사명을 이루어 가신다는 것을 깨닫게 하셨다.

그분들은 나와 남편 목사님의 관계를 전혀 모르고 있었다. 내 스스로 남편에 관한 이야기를 한 적도 없었다. 어느 날 어느 분과 결혼하는 꿈을 꾸었노라고만 말했다. 물론 상대가 누구인지는 언급하지 않았다. 그러나 그분들은 그 상대가 현재의 남편임을 정확히 맞추었다. 하나님께서 예정하신 일이라고 말하였다.

마치 다 알고 있는 것처럼 말했을 때 너무 놀랐다. 그럼에도 나는 정작 믿지 않았으며 절대로 그런 일은 일어나지 않을 거라고 단정했다.

그러나 결국, 그런 일은 일어났다. 나는 남편 목사님과 교제를 시작했다. 사명자의 길은 그렇게 시작되었다.

결혼하는 과정을 통해 아버지가 독실한 크리스천이었고 내가 4대째라는 사실을 알게 되었다. 충격이었다. 게다가 평범한 기독교 가정이 아니었다. 증조할아버지께서 장대현교회를 건축한 장로님이시라는 이야기를 들었을 때 놀라움을 금치 못했다.

한편 영성 깊은 최고의 종들과 신앙생활을 하신 가문의 손녀라는 사실이 기뻤다. 선뜻 믿어지지 않을 만큼 기뻤다.

내가 날 때부터 주께 맡긴 바 되었고 모태에서 나올 때부터 주는 나의

하나님이 되셨나이다_시 22:10

야곱아 너를 창조하신 여호와께서 지금 말씀하시느니라 이스라엘아 너

를 지으신 이가 말씀하시느니라 너는 두려워하지 말라 내가 너를 구속

하였고 내가 너를 지명하여 불렀나니 너는 내 것이라 _사43:1

이 말씀이 이루어진 것을 알았다.

왜 초신자로 사모가 되어야 하며, 또한 목사로서 부르심을 받았는

지를 비로소 깨닫게 된 것이다.

반대하던 결혼이 성사되기까지

아버지는 나의 결혼을 통해 기적같이 하나님 품으로 돌아오셨다.

남편 목사님의 안수를 통해 하나님께서 병을 고쳐 주셨다. 병원에서 퇴원하여 집에서 일상생활을 할 수 있게 되었다.

친척 권사님의 인도로 충현교회에 출석하였다. 출석한 첫날 교회 교인으로 정식 등록하였다.

아버지는 나에 대해 큰 기대감을 가지고 계셨다.

나에게는 언니만 하나 있다. 언니는 아버지 친척 중매로 재벌가의 며느리가 되었다. 나도 명문대를 졸업해 예쁘게 키워서 명문가에 결혼시키는 것이 아버지의 꿈이었다. 아버지 친구들이 거의 의학 박사님들이어서 나를 의사와 결혼시키고자 하셨다.

어느 날 언니가 나의 일기장을 보았고, 결혼을 염두에 두고 목사님과 교제 중인 사실이 드러났다.

결국 아버지의 귀에 들어갔다. 아버지의 충격은 실로 컸다. 자신의 병을 위해 기도해주러 오는 주의 종인 줄만 알았는데 애지중지 키운 딸과 결혼하려는 사람이었다니. 게다가 나이도 많고 가난한 주의 종을 딸의 결혼 상대로 도저히 받아들일 수가 없으셨던 것이다.

목사님이 심방 온다는 소식을 들으면, 아버지는 휠체어를 타고 어디론가 숨어 버리셨다. 목사님과 나는 병원 전체를 돌아다니며 찾아다녔다. 아버지는 절대 내 딸을 줄 수 없다고 완강히 거부하셨고, 다시는 오지 말라며 엄포를 놓았다.

정말 믿겨지지 않는 일들이 일어났다. 그때부터 아버지 배의 복수가 예전처럼 차올랐고, 병세도 악화되었다. 그러면 다시 목사님이 심방 오셔서 안수를 하셨다. 정말 신기하게도 아버지 병세는 즉시 호전되었다.

이러한 과정이 되풀이되면서, 결국 아버지는 딸을 목사님과 결혼시키는 것이 하나님의 뜻이라고 고백하기에 이르렀다.

나는 여전히 믿음도 없었고, 남편 목사님에 대해 이성적 감정도 없었다. 단지 하나님께서 나타나셔서 내 인생에 무섭게 역사하심이 두려웠다. 나 같은 믿음 없는 존재가 그 어려운 사명자의 길을 가야한다는 주님의 뜻을 도저히 받아들이기 어려웠다. 거부하고 싶었다.

어느 날 나는 편지를 써 놓고 집을 나왔다.

딱히 갈 곳이 없었다. 남편 목사님에게 들었던 기도원이 생각나서 그리로 갔다. 그러나 다음 날 어찌 알았는지 목사님이 찾아왔다. 아무리 피해 도망가려고 해도 하나님이 끝까지 나를 찾아내셨다.

'천부여, 의지 없어서 주께로 옵니다.'

찬양처럼 아버지는 하나님께 두 손, 두 발 다 들었다. 남편 목사님을 찾아가 이제 내 딸을 하나님께 드리겠다고 말씀하셨다.

이런 갖은 우여곡절 끝에 결혼을 하였다.

사실 나는 사명감으로 믿음을 갖고 결혼한 것이 아니다. 만약 내가 결혼하지 않겠다고 하면 당장이라도 하늘에서 벼락이 떨어져 죽을 것 같았다. 공포와 두려움 때문에 강한 성령님의 바람에 떠밀려 사모가 된 것이었다.

또 하나의 에피소드가 있다. 결혼을 반대하던 아버지가 마지막 소원이라며 의사 친구의 아들과 한 번만 선이라도 보라고 부탁하셨다.

남편 목사님에게는 미리 말했다. 분명히 형식적으로 선을 보는 것이지 그쪽에 시집갈 생각은 전혀 없노라고 했다.

하나님께서 절대로 그 선을 못 보게 하신다고, 목사님은 말했다. 나는 믿어지지 않았고 그런 하나님이 어디 계시냐고 반문했다.

"만약에 당신이 선을 보면 그 남자 다리가 부러질 걸."

목사님이 이렇게 말했다.

나는 그 말을 무시하고 선을 보기로 약속을 했다. 약속해 둔 바로 전날 연락이 왔다. 정말 그 남자가 이발소에 가다가 계단에서 넘어져서 다리가 부러졌다고 했다. 당분간은 만날 수 없다는 것이었다.

나는 머리털이 곤두서는 듯했다. 너무나 무섭고 놀랐다. 이런 일로 인해 나에겐 사랑의 하나님이 아니라, 순종하지 않으면 혼내시는 무서운 하나님으로 여겨졌다. 순종하지 않으면 무서운 일이 생긴다는, 아주 어린 신앙이었다.

아버지의 인생을
서정시로 마무리하신 하나님

아버지는 퇴원 후 식사도 곧잘 하시면서 잘 지내셨다. 통증도 거의 없고 컨디션도 좋아졌다. 어느 날 같은 아파트에 사는 친구를 집으로 초대하여 식사를 함께 하셨다. 친구 분은 서울대학교 암 전문의였다.

건강이 회복되어 기쁜 마음에 근사한 저녁과 함께 맥주까지 곁들이며 즐거운 시간을 보냈다. 아버지는 그동안의 투병생활과 병원 기록 등을 보여주면서 불치의 병을 하나님께서 기적적으로 고쳐주셨노라 자랑하였다.

암전문 박사님은 병원 기록을 살펴보고는 기적을 믿지 말고 위험한 상황이니 빨리 병원에 가라고 말하였다. 가족들을 위하여 남은 시간들을 잘 준비하여야 되는 때라고 조언했다. 의학과 과학적 지식만을 앞세우고 하나님의 기적은 믿지 않는 분이었다.

아버지는 전문의 진단에 마음이 흔들렸고, 점차 그 말이 믿어지기 시작했다.

그다음 날 남편 목사님이 심방을 가고 있을 때였다. 성령님의 음성이 들렸다고 한다.

"빨리 돌아가라, 장인어른 집으로 가라."

급히 차를 돌려 아버지를 찾았다. 아버지는 방에서 주무시고 계시다고 하였다. 이상해서 방으로 들어가니 이미 안 좋으신 상태였다. 바로 구급차를 불러 병원으로 옮겼으나 혼수상태에 빠져 있었다.

이것을 어떻게 이해해야 할까?

키에르케고르는 '절망은 죽음에 이르는 병'이라고 했다. 그 전문의 말을 듣고 아버지는 주님께서 고쳐주셨다는 믿음을 놓아버린 것이었다.

의학적 사실을 다시 붙들었고, 현재의 상태는 반드시 죽을 수밖에 없다는 현실을 받아들였다. 하나님 대신 의학을 믿었기에 바로 죽음의 깊은 수렁 속으로 빠져들어 간 것이었다. 그리고, 그날로 죽음이 아버지를 집어삼켰다.

> 사람의 심령은 그의 병을 능히 이기려니와 심령이 상하면 그것을 누가
> 일으키겠느냐 _잠18:14

그러나 하나님께서 아버지를 버리신 것이 아니었다. 너무나 사랑

한 아버지의 갑작스런 죽음은 나에게 충격이었지만 이상하게도 슬프지 않았다. 하나님께서 아버지를 천국으로 이끄신다고, 확신할 수 있었다. 천국은 아픔, 슬픔, 고통이 없는 곳으로 빛의 나라이다. 아버지가 그곳에 가셨다는 것은 참으로 감사한 일이었다.

아버지는 회복되고 딱 한 번 충현교회에 출석했다. 그럼에도 놀랍게 교회 공원묘지에 성도로 기록되어 묻히셨다. 어떻게 이런 있을 수 있을 수 있을까. 하나님이 아버지의 장례식마저 교회장처럼 크고 성대하게 치러 주셨다.

우리가 통합 측 큰 소망교회 교역자였기에 곽선희 목사님을 비롯한 모든 교역자들, 장로님과 권사님은 물론 많은 성도들이 참석하였다. 또한 합동 측의 큰 충현교회에서 수많은 분들이 함께하였다. 마치 교회장처럼 장례식을 마무리했다.

기쁨으로 하나님의 축복 가운데 주님의 품에 안기신 것을 확인할 수 있었다. 사랑하는 아들을 끝내 회복시키시고 성대한 잔치를 베풀어 천국으로 데려가신 느낌이었다.

하나님께서 한 영혼을 택하시고 주님의 품에 안기까지 수많은 세월 동안 동행해 주셨음을 알 수 있었다.

오래 기다리시고 끝까지 용서하시고 사랑으로 품어주신 하나님의 사랑은 아버지의 인생을 아름다운 서정시로 쓰셨다. 이 모든 과정이 내게는 더할 나위 없는 감동의 순간이었다.

내가 확신하노니 사망이나 생명이나 천사들이나 권세자들이나 현재 일

이나 장래 일이나 능력이나 높음이나 깊음이나 다른 어떤 피조물이라

도 우리를 우리 주 그리스도 예수 안에 있는 하나님의 사랑에서 끊을 수

없으리라 _롬8:38~39

이러한 일들을 체험하면서, 하나님이 한 영혼을 예정 가운데 택하
시고 부르시고 세우시어 하나님의 영광을 위해서 쓰신다는 것을 알
게 되었다. 아버지의 삶을 통해 나에게 미리 보여주신 것이다.

마침내 나는 "내가 너를 사라로 불렀노라"라고 하신 사명의 길을
받아들였다. 그 길을 가게 하시는 하나님의 섭리 앞에 온전히 순종
하기 시작했다.

Chapter 3.

성경은 예수 그리스도와
신부의 결혼 이야기

독처하는 것이 좋지 못하니

창세기 2장에서 하나님이 말씀하셨다.

"여호와 하나님이 가라사대 사람의 독처하는 것이 좋지 못하니 내가 그를 위하여 돕는 배필을 지으리라 하시니라"

여기에 중요한 비밀이 담겨 있다.

하나님의 창조 사건에 1장에서는 창조하시고 "보시기에 심히 좋았더라" 하시고 2장에서는 "독처하는 것이 좋지 못하니" 하셨다. 뭔가 앞뒤가 맞지 않다. 하나님이 과연 이랬다저랬다 하시는 분이신가?

말이 맞지 않는 듯한 부분에 어마어마한 비밀이 있다. 하나님께서 이렇게 말씀하시는 이유가 있다. 우리에게 반드시 무엇인가를 주시기 위한 하나님의 방법이다.

성경은 역설이다. 하나님은 완전한 분이시다.

그럼에도 보기에 좋지 않다고 말씀하신 것은 무엇인가? 일부러 이렇게 표현을 하신 것이다.

예를 들어 우리 자녀들이 말을 너무 안 들어 속상할 때가 있다. 마찬가지로, 하나님께서도 나를 보시기에 너무 속상할 때도 있을 것이다. 아이들이 말을 안 들을 때 야단치고 끝나는가? 아니면 그 아이를 위해서 기도하고 설득하고 안아주며 말을 잘 듣도록 고쳐야 옳은가?

하나님의 의지에는 '반드시'가 있다. 내 아들을 그냥 버리는 것이 아니다. 반드시 내가 잘되도록 해 주겠노라는 의지가 담겨 있다.

> 이르시되 내가 반드시 너에게 복주고 복주며 너를 번성케 하고 번성하게 하리라 하셨더니_히:6:14

'좋았더라'는 히브리어로 토브다. '토브'는 선이다. 선한 이는 오직 하나님밖에 없다 하셨다.

'좋지 못하다'는 로토브다. '로'는 부정사다. '로토브'에는 '토브(심히 좋았더라)로 반드시 만들겠다'라는 의지가 담겨 있다. 이것이 역설이다.

하나님께서 우리를 못마땅하게 여기실까봐 우리는 두렵다. 그러나 요한계시록에서 하나님은 무서운 하나님이 아니다. 우리를 반드시 토브로 만드신다고 하신다. 라오디게아교회가 가장 책망을 많이 받았다. 여기에도 역설이 담겨 있다. 최고의 교회라는 뜻이다.

이것이 아버지의 마음이다. 하나님이 택한 자는 반드시 잃어버리지 않는다. 어떤 경우에도 하나님의 사랑을 끊을 자가 없다. 요한복음 6장에서 예수님은 하나님이 내게 보내주신 자는 한 명도 잃어버리지 아니하리라고 말씀하셨다.

감격스럽지 않은가? 내가 다소 잘못을 하면 하나님이 "이 웬수" 할지 모른다. 그러나 "반드시 내가 너를 축복하리라. 반드시 내가 너를 들어 쓰리라"고 말씀하신다. 로토브라고 하는 순간 토브로 만드시겠다는 하나님의 결의, 하나님의 의지, 하나님의 작전이 있는 것이다.

하나님이 인간을 창조하시고 "심히 보기에 좋았다"고 말씀하시고는 다시 "독처하는 것은 좋지 못하다"라고 하셨다. 처음부터 완전하게 좋은 모습으로 창조하셨으면 좋았을 텐데 왜 이렇게 말씀하셨을까. 그 이유를 알아야 한다. 그 속에는 구속의 원리가 있기 때문이다.

아담은 예수님의 표상이며 또한 교회(신부)의 표상이다. "독처하는 것이 좋지 못하다"는 것은 결코 단순하지 않다. 혼자 있는 아담의 모습을 보니 참 쓸쓸하고 외로워 보여서 짝을 만들어줘야겠다는 의미로 말씀하신 것이 아니다.

여호와 하나님이 이르시되 사람의 독처하는 것이 좋지 못하니 내가 그
를 위하여 돕는 배필을 지으리라 하시니라 _창2:18

여기서 사람은 아담을 말하는데, 정관사가 붙었다. 하나님이 지목
한 특정한 어떤 사람이다. 그러니까 아담은 진짜 아담이라는 인물
일 수도 있지만, 지금 하나님의 구속사 틀에서 보건대 어떤 한 사람
을 지목한 것이다. 그 사람을 통하여 구속의 역사를 펼쳐나가겠다
는 당신의 뜻과 의지를 밝히신 것이다.

하나님께서 예수님을 이 땅에 인간의 모양으로 보내셨다. 창세기
2장에서 말하는 것처럼 부모를 떠나 인간의 모양으로 오셨다. 그때
독처하셨다.

하나님의 의도는 좋지 않은 것을 반드시 "보시기에 좋았다"로 바
꾸는 것이다. 요한계시록 19장에는 "하늘로부터 내려오는 새 예루
살렘성이 신부가 단장한 것 같더라"고 하시며, "보시기에 좋았더라"
고 말씀하셨다. 하나님의 구속사에서 결론은 이미 "보시기에 좋았
다"로 마무리되는 셈이다.

하나님의 의도는 분명하다. 신랑과 신부가 하나 되는 것이 보시기
에 가장 좋고, 선한(토브) 모습인 것이다. 곧 생육, 번성, 충만이다.
하나님이 궁극적으로 원하시는 바는 독처가 아니다. 신랑과 신부가
연합하는 것이다.

독처에서
그리스도와의 연합으로

독처는 혼자 사는 것이다.

요즘 풍토는 뭐든 혼자 즐기려고 한다. 혼밥, 혼술, 혼생... 이러한 유행어마저 생겨났다. 집의 구조와 가전제품도 큰 것보다는 작은 것들을 선호하는 편이다. 배달 문화가 발달해 1인분 식사도 집안에 앉아서 받을 수 있다. 혼자 사는 사람들을 위한 상품들이 쏟아져 나온다. 세상의 흐름이 혼자 사는 문화를 부추기고 있다는 인상마저 받게 된다.

불과 10년 만에 완전히 변했다. 이 변화에 믿는 자는 민감해야 한다. 왜냐하면 이것이 마지막 때의 현상이기 때문이다.

결혼도 안 한다. 아기도 안 낳는다. 어느덧 최저 출산국가가 되어 있다.

하나님의 뜻이 아니다. 하나님의 뜻은 생육, 번성, 충만이다. 하나님이 궁극적인 뜻은 '독처가 좋지 않다'이다.

여기에서 한 가지 의문이 생긴다.

혼자 사는 것을 하나님이 기뻐하지 않는다고 하셨건만, 사도 바울은 다르게 말했다. 사도바울은 고린도서에서 결혼하는 것보다 혼자 사는 것이 낫다고 기록하고 있다. 정욕을 감당하지 못하면 결혼을 하라고, 그러나 주를 위하여 차라리 혼자 사는 것이 낫다고 했다. 고전7:8-9,7:38 마치 하나님의 말씀과 반대인 것처럼 보인다.

그렇다면 그 뜻은 무엇인가?

하나님이 아담의 갈비뼈를 취해서 하와를 만드신 다음에 결혼에 이르게 하셨다. 결혼에 대하여 사도바울은 이렇게 말하고 있다.

> 그러므로 사람이 부모를 떠나 그의 아내와 합하여 그 둘이 한 육체가 될지니 이 비밀이 크도다 나는 그리스도와 교회에 대하여 말하노라 _엡 5:31-32

남편과 아내의 하나 됨을 말하면서, 이것이 바로 교회와 그리스도의 연합의 비밀이라고 밝혔다. 사도바울의 말에는 세상의 잣대로 파악한 결혼, 그 이상의 의미가 있다.

단지 눈에 보이는 인간들의 결혼 제도가 아니다. 바로 그리스도와의 연합이다. Union Christ를 말하고 있는 것이다. 혼자 사는 것이 독처가 아니다. 그리스도와 연합하지 못하는 것이 독처인 것이다.

이것이 정말 중요한 영적 의미이며 원리이다.

육체의 정욕을 이기지 못해 죄를 저지를 것 같으면 결혼을 하지만 그렇지 않으면 안 해도 된다고 했다. 곧 육체적 결혼이 독처를 해결해주는 수단이 아니라는 영적인 의미가 담겨 있는 것이다.

결혼을 했어도 그리스도와 합하지 못하면 독처하는 것과 다름없다. 하나님 보시기에 좋지 못하다. 사도 바울은 혼자 살았지만 독처하는 사람이 아니었다. 그리스도와의 연합으로 신부의 삶을 살았던 사람이다.

모든 성경의 역사는 어린양과의 혼인잔치로 끝이 난다. 창세기에서 아담과 하와를 만들어서 결혼시키는 것으로 시작한다. 결론은 역사의 마지막에 다시 결혼으로 끝난다. 그러면 독처가 보기에 안 좋았다는 하나님의 의미는 분명하다. 너희는 반드시 예수 그리스도 신랑과 Union Christ, 연합해야 한다는 뜻이다.

볼지어다 내가 문 밖에 서서 두드리노니 누구든지 내 음성을 듣고 문을 열면 내가 그에게로 들어가 그와 더불어 먹고 그는 나와 더불어 먹으리라 _계3:20

예수님이 문 밖에서 두드리면서 기다리신다. 예수님은 혼자 문 밖에서 독처하는 것이다.

그 문이라는 것은 무엇인가? 마지막 때에 일곱 교회 중 라오디게 아교회가 연합을 안 하고 있다. 그렇다면 우리가 무엇을 해야 하는가. 예수님의 음성을 들어야 한다. 음성을 들으면 마음의 문이 열리게 된다.

이런 까닭에 일곱 교회에게 주시는 말씀이 "귀 있는 자는 성령이 교회들에게 하시는 말씀을 들을지어다"이다. 듣는 귀가 너무 중요하다. 성령님의 초자연적인 역사가 일어나는 비결은 하나님의 말씀을 들어야 한다. 하나님의 말씀이 들리고, 하나님이 말씀하시면 역사가 일어난다.

내 안에 예수 그리스도의 음성, 곧 말씀이 없으면 나도 독처하는 것이다. 하나님이 보시기에 좋지 못하다고 하신다.

문을 열어야 한다. 그러면 예수님이 "내가 들어가서 그와 더불어 먹고 그는 나로 더불어 먹고 마시리라"고 하셨다. 먹고 마신다는 것은 하나가 된다는 것이다. Union Christ이다. "내 피를 마시고 내 살을 너희가 먹어라"_요6:53-58 고 말씀하셨다.

독처의 외로움 속에서
신랑을 만나라

하나님이 아담에게 배필을 만들어 주시기 전에 한 가지 미션을 주셨다. 각종 들짐승과 공중의 새를 아담 앞에 보냈다. 그리고 모든 동물들의 이름을 지으라고 하셨다. 동물학자들 말에 의하면 동물들은 4만 종 이상이라고 한다.

훗날 수컷과 암컷이 쌍을 이뤄 노아의 방주에 들어갔듯, 아담 앞에 짐승들도 그리했으리라.

아담이 수만 종의 동물 이름을 지을 때 하루에 다 지었겠는가? 몇 년이 걸릴 수도 있었을 것이다. 하나님은 하와를 그냥 줄 수도 있으셨다. 그런데 왜 이런 과정을 거치게 하셨을까.

짐승들도 사랑을 한다. 스킨십을 한다. 하나님께서 만들어 놓으신 창조물의 본능이다. 아담은 쌍을 이뤄 지나가는 짐승들을 보며 어떤 기분이 들었을까. 독처하는 것이 좋지 않다는 것을 느꼈을까.

아담은 동물의 이름을 하나하나 지으며 외롭다는 생각과 함께 사모하는 바가 생겼을 것이다.

바로, 배필이다. 그 배필이 바로 교회이고 '나'다.

에베소서 1장에 하나님은 나를 택하시기 위해, 그리스도 안에서 하나님의 기쁘신 뜻 가운데, 하늘의 모든 신령한 것을 주기 위해서 창세전부터 우리를 예정하셨다고 했다. 그러니 '나' 하나가 교회가 되기까지 하나님 아버지의 놀라운 정성과 수고와 사랑이 담겨 있는 것이다.

영적으로 더 깊이 들어가면, 예수님이 이 땅에 아담으로 오셨다.

예수님은 이 땅에 오셔서 혼자 사역하셨는가? 아니다. 제자를 부르셨다. 제자들을 부르시어 3년 반 동안 함께 다니셨다. 먹고 자고 패밀리가 되신 것이다.

예수님은 인간으로 오셨기 때문에 인간이 느낄 수 있는 모든 외로움과 허전함, 고독의 감성도 지니셨다. 따라서 독처가 안 좋다는 것을 느끼셨을 것이다.

이처럼 하나님이 첫째 아담에게 동물의 이름을 짓는 과정을 통해 외로움을 실감케 하셨다. 동물들이 쌍쌍이 지나가는 것을 보면서 부러워하고 사모하게 만드셨다. 독처하는 것이 좋지 않다는 것을 간절히 느끼게 하셨다.

사모하는 마음이 간절할 때, 아담은 하와를 만나 하나 됨의 연합을 이룰 수 있었다.

여자가 범죄 한 후에 여자에게 내린 저주는 무엇인가. 바로 남편을 사모하라는 것이었다. 그 남편은 육적 남편이 아니다. 우리의 신랑이신 예수 그리스도를 뜻한다. 즉 예수님을 사모하라는 암시가 담겨 있다.

하와의 범죄로 인한 저주를 하나님이 축복으로 바꿔주신 것이다. 남편인 예수 그리스도를 사모하도록 하셨으니 말이다.

사모하라는 말에는 영적인 깊은 뜻이 있다. 하나님은 영이시다. 눈에 보이지 않고 만져지지 않는 분이시다. 마치 실체가 없는 것처럼 느껴질 수 있다. 물질세계에 길들여지고 학습되어진 우리들은 이 영의 존재를 어떻게 만날 수 있는가?

내가 또 너희에게 이르노니 구하라 그러면 너희에게 주실 것이요 찾으라 그러면 찾아낼 것이요 문을 두드리라 그러면 너희에게 열릴 것이니 구하는 이마다 받을 것이요 찾는 이는 찾아낼 것이요 두드리는 이에게는 열릴 것이니라 _눅11:9-10

너희가 악할지라도 좋은 것을 자식에게 줄 줄 알거든 하물며 너희 하늘 아버지께서 구하는 자에게 성령을 주시지 않겠느냐 하시니라 _눅11:13

바로 보이지 않는 주님을 끊임없이 사모하며 구하고 찾고 두드려야 한다. 성령님을 사모하면 놀라운 영의 세계가 열리게 된다.

신랑을 사모하는 시간은 영적 순례의 때이다. 외롭고 고독하며 간절한 마음이 되어야 한다. 그분을 만날 때까지 오직 그분에게 모든 것을 집중하며 기다려야 한다.

고독은 인간이 가장 견디기 힘든 감정이다. 외로움이라는 심리적 압박 속에서 절망이 깊어진다. 하나님께서 인간을 사회적 동물로 만드셨기 때문일 것이다. 그래서 감옥에서도 보다 큰 징벌의 의미로 독방에 가둔다.

그렇다. 인간은 혼자 고립되는 것을 가장 무서워하고 견디지 못한다. 혼자 있을 때 인간은 두려움을 느낀다. 아기들은 엄마가 보이지 않으면 세상이 무너질 듯이 엄마를 찾으며 운다. 이처럼 사회적 동물로 만들어진 인간이 독처한다는 것은 참으로 피하고 싶은 일이다.

독처라는 의미에서 하나님은 어떤 메시지를 주고 싶으신 걸까. 깊이 묵상해봐야 한다.

독처라는 외로움 가운데서 우리는 예수님을 신랑으로 만나야 한다. 예수님을 사모하여 그분을 만나고 결국 연합하여 그의 신부가 되어야 하는 것이다.

신랑 예수님의 사랑은 위대하다. 왜냐하면 세상과 간음한 여인인 나를 만나 결국 그분의 신부로 취하시기 때문이다.

여기서 설명하고 넘어가야 하는 점이 있다.

영적원리를 보면 내가 예수님과 하나가 된다는 의미는 이러하다. 예수님이 나이고, 내가 예수님이 된다. 내가 죄를 지으면, 예수님이 죄 짓는 것이다. 내 죄를 예수님이 가져가셔서 십자가에서 죽으시고 심판받으셔야 하기 때문이다.

예수님과 하나로 관계 맺으며, 나의 모든 더러운 죄가 그분의 십자가 피 흘림으로 깨끗해지는 것이다. 나의 모든 연약함과 더러움을 예수님이 십자가에서 나 대신 다 처리하셔야 한다. 세상과 간음하여 더럽혀진 나대신 죽으시고 심판을 받으셔야 내 죄가 다 없어진다. 그로 인해 나는 심판받지 않는다.

이것이 예수님이 나대신 죽으시고 나를 용서하시는 단계인 것이다. 여기에 바로 하나 됨의 비밀이 있다.

역으로, 내가 예수님과 하나 되지 않으면 어떻게 될까.

내가 내 죄를 스스로 해결해야 한다. 그러나 나는 내 죄를 절대 해결할 수 없다. 인간은 전적으로 부패하고 타락한 존재이기 때문에

불가능하다. 그러기에 예수님 안에 내가 반드시 들어가야 하는 것
이다.

이러한 관계의 메커니즘을 통해 예수님을 독처하게 하셨다.

그 모습이 좋지 않도록 만드시었고, 신부를 취하도록 하신 것이었
다.

독처는 목적지가 아니라
통과해야 할 과정

하나님께서 원하시는 것은 독처가 아니다. 독처를 디딤돌로 하여 목적지에 도달하는 것이다.

성경 속 영성이 높은 인물들은 한결같이 외롭고 고독했다. 독처를 디딤돌로 삼아 하나님의 백성으로 온전히 성장하였다.

고독은 인간 존재의 무력감에 직면하게 한다. 고독을 통해 세상의 질서가 나의 의지와 무관하게 계획되어 있다는 것을 알게 된다. 이때 창조주와 대면할 기회를 갖는다. 비로소 간절하게 하나님을 찾는다.

하나님께서는 사명을 준 이를 훈련하실 때, 특별한 방법을 쓰신다. 일부러 사람들을 철저히 차단시키신다. 세상의 흐름인 인본주의적 영향을 받지 않게 하기 위해서이다. 철저히 독처하게 하시므로 하나님만 의지하게 하신다. 이는 오직 하나님과의 깊은 영적 교제를 나누기 위함이다.

하나님 나라는 거룩하며 영적이다. 하나님과의 영적인 깊은 교제
가 반드시 필요하다. 교제를 통해 기쁨과 희락을 느낄 수 있다.

평안을 너희에게 끼치노니 곧 나의 평안을 너희에게 주노라 내가 너희

에게 주는 것은 세상이 주는 것과 같지 아니하니라 너희는 마음에 근심

하지도 말고 두려워하지도 말라 _요14:27

깊은 고독과 독처함을 통해, 하나님은 신령한 영적 세계를 보여주
신다. 기쁨과 평강을 주신다.

그러므로 하나님께서 나의 삶 속에서 모든 것을 차단시키고 격리
시킬 때, 특히 말씀에 민감해야 한다. 영적으로 깊어지고 업그레이
드될 기회이기 때문이다.

혼자 있으면서 주님으로부터 오는 말씀을 받고, 주님과의 교제를
통해 영적인 신령한 것들을 공급받는다면 축복이다. 외로운 단계에
서 즐거운 단계로 가게 될 은혜의 순간이다.

성경의 최고 영성가는 다윗이다. 수많은 시편을 썼으며, 사도행전
에서 하나님의 마음에 합한 자라고 인정을 받는다. 다윗을 보면 독
처의 의미를 알 수 있다.

다윗도 예수 그리스도의 표상이다. 사무엘이 하나님의 명령대로

기름을 부으러 다윗의 집에 갔다. 다윗의 아버지는 형제 중 일곱 형들만 사무엘에게 보였다. 막내인 여덟째 다윗은 들판에 양을 치러 보냈다. 그렇게 중요한 자리인데 부르지도 않고 오히려 외따로 떨어뜨려 놓았다. 아버지와 형제들로부터 인정받지 못한 채 들판에 홀로 머물렀을 다윗. 그때 얼마나 외로웠을까 상상이 간다. 시편을 읽어보면 구구절절 고독의 아픔이 깃들어 있다.

그 고독감 속에서 다윗은 하나님을 만났다. 독처의 고통 안에서 하나님과 하나가 되고 연합하는 인물로 성장했다. '하나님 마음에 합한 자'라는 말은 바로 그것이다.

하나님께서 첫째 인간 아담을 독처하는 자로 만든 것은 이유가 있었다. 독처가 끝이 아니었다. 독처하는 동안 아담에게 동물의 이름을 짓는 미션을 주셨고, 쌍을 이루어 지나가는 동물들을 보면서 고독감에 사로잡혔을때 비로소 하와를 만들어 연합하도록 하셨다.

이처럼 독처의 의미에는 하나님의 놀라운 계획이 담겨져 있다. 우리는 독처의 외로움 속에서 하나님을 만나야 한다. 그분과 하나 되는 연합을 이루어야 한다.

필자는 어린 시절부터 독처하는 시간이 많았다. 몸이 약한 탓에 친구들과 어울릴 수 없었다. 늘 외로웠다. 놀이도 혼자, 공부도 혼자였다. 자연스레 사회성이 부족한 사람이 되었다. 내성적이며 소심한 성격의 소유자가 되었다. 결혼 후에도 상황은 별로 바뀌지 않았다. 교회와 집 외에는 외부와 차단된 채 지냈다. 딱히 마음 나눌 친구도 없었다.

문득문득 고독의 아픔에 휩싸이곤 했다. 그러나 고독 속에서 말씀하나님을 깊이 만났다. 진리를 깨닫고 영적 축복을 누리는 자가 되었다.

세상 사람들과 교제가 없어 외로웠다. 그러나 오직 예수 그리스도 신랑과 하나 되게 하시기 위한 영적 축복의 과정이었던 것이다. 돌이켜보건대 참으로 복되고 감사한 시간이었다.

예수님은 혼자 계시는 것이 아니다. 아담에게 하와가 오는 것처럼, 반드시 신부가 있어야 한다. 그 신부가 바로 우리들이고, 곧 교회이다.

씨실과 날실이 엮여 세마포가 되는 것처럼, 예수님은 반드시 태어날 신부가 있어야 된다. 예수님 혼자 독처하시는 것은 하나님의 뜻이 아니다. 우리는 반드시 예수 그리스도와 연합하여 씨실과 날실이 되어 세마포를 입어야 한다. 그때 비로소 하나님의 혼인잔치에 들어갈 수 있게 된다.

우리의
영적 자궁은 거룩한가?

신부는 자궁이 있어야 한다.

요한복음 7장에 "믿는 자는 그 배에서 생수의 강이 넘쳐나리라"고 했다. 예수님의 배가 곧 자궁이다.

씨는 반드시 자궁에 심어져야 생명이 된다. 자궁이 없는 신부는 어떠한가. 자궁이 있어도 씨를 받지 못하면 어떤가. 생명을 잉태할 수 없게 된다. 쓸모없는 자궁이다. 신부의 역할을 할 수 없다.

내가 예수님과 연합되는 것이 구원이다. 창세기에서 하와는 아담 안에서 나왔다. 에베소서에서 남편과 하나 됨의 비밀이 그리스도와 교회에 대한 비밀과 같다고 했다.

기록된 말씀을 통하여 예수 그리스도를 깨달아야 구원이 온다. 창세기부터 요한계시록까지 하나로 관통하고 있는 말씀은 분명하다. 예수 그리스도의 초청으로 말씀을 먹고 그분과 내가 하나 될 때 구원이 성취된다. 어린양의 혼인잔치에 들어가게 된다. Union

Christ!

왜 말씀인가?

말씀이 씨이기 때문이다. 말씀을 듣고 내 안에서 생명이 잉태되어야 하기 때문이다. 사라와 같이 약속의 아들을 낳아야 한다. 그때 비로소 구원이 이루어지기 때문이다.

이 말씀을 모른 채 세상의 관점으로, 혼적인 말씀으로 푼다면, 영의 생명과 전혀 상관없게 되는 것이다. 생명이 없는 말씀은 소용이 없다. 헛될 뿐이다. 우리는 예수님의 본질을 알아야 한다. 영생은 하나님과 보내신 예수님을 아는 것이다.

여자는 자궁을 가지고 있다. 자궁은 생명을 잉태하는 곳이다.

명절 끝날 곧 큰 날에 예수께서 서서 외쳐 이르시되 누구든지 목마르거든 내게로 와서 마시라 나를 믿는 자는 성경에 이름과 같이 그 배에서 생수의 강이 흘러나오리라 하시니 이는 그를 믿는 자들이 받을 성령을 가리켜 말씀하신 것이라 _요7:37-39

명절 마지막 날은 초막절, 장막절이다. 종말은 어린양과 신혼 방에 들어가 부부가 하나 됨으로 끝이 난다.

"배에서 생수가 흘러나리라"에서 배는 자궁(코일리아)이다.

위로부터 받은 생수의 강(레마의 말씀)이 흘러넘쳐 네케바인 교회에 흘려주면, 아들의 생명으로 나오는 것이다. 하나님의 보좌로부터 생명수가 흘러나와 열방에 흘러가, 물이 바다 덮음같이 모든 것이 살아날 것이다. _겔47

여자는 결혼해서 자녀를 낳는다. 여성의 기능적 역할을 영적 의미로 해석하면, 자궁이 예수 그리스도의 씨를 받아 이 땅에서 언약의 아들을 낳는 것이다. 신부인 교회의 배가 자궁이 되어 사는 것이 존재의 목적이다. 이러한 하나님의 창조 목적을 깨달아야 한다.

진짜 하나님이 거하시는 곳은 어디인가?

예수님이 어디서 태어나셨는지를 알면 비밀이 풀린다. 놀라운 것은 예수 그리스도께서는 여자의 자궁에서 태어나셨다. 동정녀 마리아의 자궁, 곧 육적 남자를 한 번도 경험하지 못한 자궁은 깨끗한 성전을 의미한다.

마지막 날, 예수님이 오시는 날에 예수 그리스도의 씨가 열매를 맺을 것이다. 아들인 예수 그리스도의 말씀(생명)으로 낳은 자만이 신부의 반열에 들어간다.

이 세상은 너무나 타락하고 음란하여, 육적 자궁과 영적 자궁들이 더럽혀져 있다. 일례로 동성애가 창궐하고 있다. 동성애는 씨(생명)를 만들 수 없다. 그래서 죄악이다.

하나님이 우리 안에 영적 자궁, 하나님의 집(오이코스)을 주셨다. 하지만 내가 하나님의 말씀을 받지 못하면 영적 자궁은 없는 것이다. 내가 예수 그리스도의 말씀을 받을 때 자궁이 되는 것이다.

"나를 믿는 자는 성경에 이름과 같이 그 배에서 생수의 강이 흘러 나오리라."

내가 말씀을 받을 때, 영적 자궁이 생긴다.

영적 자궁은 거룩을 지켜야 한다. 이 말씀, 저 말씀, 혼적인 말씀, 육적인 말씀, 세상의 말씀으로 나를 자극한다면 성전을 더럽히는 것이다.

나의 혼을 즐겁게 하고, 내 귀를 즐겁게 하고, 가려운 것을 시원하게 긁어주는 허탄한 신앙으로 나를 가득 채운다면, 영적 자궁은 더러워진다. 나의 지식을 만족시키는 욕구로 먹고 듣고 받아들이면, 이 또한 성전을 더럽히게 된다. 이런 상태에서는 씨를 잉태할 수 없다. 더럽혀진 자궁에서 생명을 품을 수 없기 때문이다.

생명을 품지 못하는 더렵혀진 자궁은 어찌 될까? 하나님께서 멸하신다. 멸한다는 것은 심판을 의미한다.

우리의 영적 자궁, 성전은 깨끗하고 거룩한가?

우리는 가슴을 찢고 하나님 앞에 회개하고 통곡하며 기도해야 한다. 우리의 영적 자궁을 거룩하게 보존해야 한다.

하나님은 농부이시다. 농부는 열매를 원한다. 이는 씨를 취하기 위함이다.

예수님께서 시장하셔서 무화과나무 앞에 갔는데 열매가 없어서 저주하셨다. 저주하신 이유는 잎만 무성했기 때문이다.

모든 나무는 씨가 있어야 한다. 아담과 하와가 범죄하고 무화과나무로 수치를 가렸다. 이는 곧 씨가 없다는 것, 생명이 없다는 것, 말씀이 없다는 것을 의미한다.

무화과나무는 이스라엘을 상징한다. 예수님이 무화과를 저주했다. 이스라엘이 예수님을 버렸다. 이스라엘은 씨를 버렸다. 생명을 버렸다. 씨이며 생명 되신 예수 그리그리스도를 십자가에 못 박았다.

그들은 예수님이 저주해서 마른 것이 아니고, 스스로 마른 것이다. 생명이 없음으로 마른 것이다.

씨를 맺기 위해 첫 번째 넘어야 될 것은 육신의 정욕이다. 십자가에서 너의 자아를 못 박지 않으면, 자아를 부인하지 않으면, 나와 상관이 없다고 예수님이 말씀하셨다.

육신의 정욕은 이 땅에서 가장 유혹받기 쉽다.

사도바울이 "나는 날마다 죽노라, 모든 것을 배설물로 여기노라"고 했다. 이는 육신의 정욕을 버린 것이다.

육신의 정욕을 버리면 영의 눈이 떠진다. 오순절에 제자들이 성령세례를 받고 나서, 그 전에는 바알이 주가 되었는데, 이제 예수 그리스도를 '주'라 부르게 되었다. _행 2:36

세례요한은 육신의 정욕을 벗은 자이다. 어린양의 피로 씻음 받은 예수 그리스도의 오심을 평탄케 하고, 그 길을 예비했던 자이다. 그리고 목이 잘리는 순교로 자신의 생명을 하나님께 드렸다.

세례요한도 예수 그리스도의 표상이다. 자신의 생명을 드린 표상이고, 신부(교회)의 표상이다.

어린양 예수님이 재림주로 오시는데, 우리(신부)가 세례요한의 역할을 해야 한다. 하지만 우리는 육신의 정욕, 안목의 정욕, 이생의 자랑을 입고 있다. 예수님이 구름 타고 오실 때, 영적으로 첫 번째로 나를 성전 삼아 오신다. 이때 육신의 정욕, 안목의 정욕, 이생의 자랑을 입고 있으면 나에게 오실 수가 없다. 그러므로 나의 육신의 정욕, 안목의 정욕, 이생의 자랑의 옷을 벗어야 한다. _요일 2:16

또한 거룩하고 깨끗한 영적 자궁에 예수 그리스도의 씨(진리, 말씀)를 받기 위해서는 행위보다 중요한 것이 있다. 레마로 주시는 하나님의 말씀이다.

이는 물로 씻어 말씀으로 깨끗하게 하사 거룩하게 하시고 _엡5:26

즉 육신의 정욕의 옷을 벗어버리고 레마로 주시는 영적 깨달음을 얻어야 한다.

말씀으로 거룩한 세마포를 입고 기름부음을 받을 때, 우리의 더러워진 자궁이 깨끗해지고 거룩하게 된다.

거룩한 씨를 받아 생명으로 잉태되는 영적 원리이다.

우리는 예수님의 심장을
이식받은 신부

여호와 하나님이 아담을 잠들게 했다. 아담의 갈비뼈를 빼내서 하와를 만들었다.

나사로가 죽었을 때 예수님은 '잠들었다'고 하셨다. 잠들었다는 것은 죽은 것이다. 아담을 정성과 수고를 아끼지 않고 만들어 놓고 죽였다는 것이다.

이 의미는 무엇인가? 바로 예수 그리스도의 십자가 사건이다.

아담을 죽게 하시고 거기서 갈비뼈 하나를 취하여 교회인 신부, 하와를 만드셨다.

왜 하필 갈비뼈인가?

갈비뼈는 인간의 내장을 보호하고 있다. 가장 중요한 것이 심장이다. 결혼관계는 사랑이다. 흔히들 심장을 하트로 표현한다. 신부는 남편의 마음을 알아야 한다. 주님의 마음을 알아야 하는 것이다.

아담이 죽고 그 심장을 이식받아 하와가 탄생했다. 예수님이 십자가에서 죽으셔서 교회가 태어났다. 사도행전에 나오는 초대교회는 예수님이 죽으시고 생겨난 교회의 시초이다. 예수님이 십자가에서 죽으신 그 피 흘림을 통하여 교회가 태어난 것이다.

교회가 탄생했고, 그때 성령님이 오셨다. 성령의 강림이다. 성령의 강림은 물이 변하여 피가 된다. 피는 생명과 혈육의 *끈끈한* 사랑을 뜻한다. 떼려야 뗄 수 없는 부모 자식 간의 사랑과 정이 그 피에 들어있다.

예수님이 흘리신 피를 내가 수혈받았다. 더러운 내 피는 없어졌다. 오직 예수 그리스도의 신성한 사랑의 피로 신부인 나를 만드신 것이다. 이것은 신랑의 죽음을 통하여 내가 만들어졌다는 의미이다.

심장이식 수술을 한 사람들 중에 이런 말을 한다. 자기에게 심장을 준 사람과 연관된 그 무엇인가 느껴진다는 것이다.

예수 그리스도 심장을 이식받고 내가 태어났다. 나는 그 무엇을 느끼고 있는가. 그분의 심장을 이식했기에 그분의 영성을, 그분의 마음을 느껴야 마땅하다.

기독교의 영성은 공부하고 익혀 알아지는 것이 아니다. 오직 그분이 내 안에 들어오심으로 가능하다. 그때 그분의 마음과 은혜와 사랑이 저절로 알아지고 믿어지는 것이다.

신부의 영성에서 가장 중요한 것이 있다. 주님을 머리로만 인식하고 아는 것이 아니다. 그분의 심장과 내 심장이 하나가 되어야 한다.

말씀이 내 안에 들어올 때 내 심장이 요동치며 감성이 살아나고 내 혼이 기뻐 뛰는 것이다. 주님의 아픔과 눈물이 내 고통이 되고, 내면에서 승화되어 그분과 같이 느끼고 호흡해야 한다. 그것이 아담(예수 그리스도)의 갈비뼈로 신부를 만드신 이유이다.

예수 그리스도 안에 내 심장이 들어 있다. 우리나라 유명한 드라마 명대사 중에 '내 안에 너 있다'라는 말이 있었다. 그렇다. 바로 최고의 사랑은 그분 안에 내 심장이 있고, 내 안에 주님의 심장이 있는 것이다.

예수님이 이 땅에 오신 목적은 무엇일까?

신부를 만나러 오셨다. "부모를 떠나 그 아내와 연합하여 한 몸을 이룰지니라"는 말씀대로 예수님이 하나님 아버지를 떠나서 세상에 오셨다. 그리고 아내와 연합하여 한 몸을 이루시기 위하여 십자가에서 죽으셨다.

이스라엘은 약혼을 정혼의 효과와 똑같이 여긴다.

십자가에 의해 예수 그리스도와 연합된 자는 약혼 단계이다. 최종적으로 예수님이 이 땅에 다시 오시면 혼인잔치를 하게 된다.

정혼한 신부는 정한 시간, 약혼 기간 동안에는 법적 효력이 같기 때문에 진짜 신랑을 맞이할 때까지 순결을 지켜야 한다.

주님은 자궁이 거룩한 신부를 찾으신다. 성경에서 예를 찾아보자.

마리아가 요셉과 정혼했는데 어느 날 가브리엘 천사가 나타나 마리아에게 아들을 임신할 것이라고 말해준다. 그 아들이 인류를 구원할 메시아 예수 그리스도이며, 인간 남자로 잉태되는 것이 아니라 성령으로 잉태된다고 알려준다.

마리아는 요셉과 정혼한 상태이다. 아직 정식 결혼 전이었기에 임신했다는 것은 간음죄에 해당한다. 이 사실이 세상에 알려지면 이스라엘 법으로는 돌에 맞아 죽어야 한다.

이렇듯 우리는 말씀의 언약 안에서 정혼한 것이다. 정식 결혼은 안 했지만 똑같은 효력을 갖는다. 그러므로 신랑을 맞이할 때까지 신랑 예수 그리스도만을 사모해야 한다. 그분을 위해서 우리의 거룩과 정절을 지켜야 하는 것이다.

여자들이 만일 정숙함으로써 믿음과 사랑과 거룩함에 거하면 그의 해산함으로 구원을 얻으리라 _딤전2:15

돕는 배필의 신적 권위

"내가 그를 위하여 돕는 배필을 지으리라"고 말씀하셨다.

이렇게 돕는 배필로 만들어진 교회, 신부에는 하나님께서 여성을 쓰시는 의미가 담겨 있다.

돕는 배필은 히브리어로 '에제르'이다. 이 말을 '남편은 아내의 머리이고, 아내는 남편을 돕는 배필이므로 남편 말에 복종해야 한다'는 뜻으로 해석하는 경우가 많다. 돕는 배필이 남편의 보조역할을 하는 사람이고, 시키는 대로 따르는 사람으로 생각한다.

돕는 배필은 그런 의미가 절대로 아니다.

필자도 목사 사모로서 보조적 역할을 감당해야 했다. 그게 사모의 덕목인 양 강요받았다. 그러면서 많은 무시를 당했다.

그러나 사모는 신적 권위를 가져야 한다. 돕는 배필은 파라클레이토스, 신적 권위이기 때문이다. 그러기 위해서는 여자 목사나 사모들, 여성 사역자들은 말씀을 가져야 한다. 말씀의 권위를 갖고 성도들에게 기도해주고 상담해주고 도와주어야 한다. 이때 성령의 역사가 일어나면서 그 권위 앞에 순복한다.

진정한 돕는 배필은 보조자, 도우미가 아니다. 사모들은 남편 목사님 눈치 보고 교인 눈치 보는 위치가 아니라 동등한 입장에서 신적 권위를 가져야 한다.

> 내가 산을 향하여 눈을 들리라 나의 도움이 어디서 올까 나의 도움은 천지를 지으신 여호와에게서로다 _시121:1-2

여기서 쓰인 도움, 그 도움은 여호와 하나님께로부터 온다. 이 어휘에 쓰인 것이 바로 '에제르'이다.

'에제르'를 통해 드러내시려는 바는 무엇인가. 여기에서 비밀이 하나 있다. 하나님은 남성형이고, 예수님도 남성형이다. 교회는 여성형이다. 놀랍게도 성령하나님도 파라클레이토스로 여성형이다.

여성형이신 성령님께서는 굉장히 예민하시다. 우리를 위해 탄식하시고 도와주시고 위로해주시고 품어주신다.

돕는 배필은 무엇인가?

'에제르', 파라클레이토스 성령이다. 우리가 구하고 두드리고 찾는 것이 성령님이다.

돈이 없으면 돈을 구하고 두드리고, 배필이 없으면 배필을 구하고 두드리고, 건강이 없으면 건강을 구하고 두드린다. 대부분의 크리스천은 무엇이 필요하면 달라고 구하고 두드린다. 그러나 하나님은 처음부터 계속 말씀하시며, 주고 싶어 하시는 것이 바로 성령님이다.

교회는 성령님이 임하셔야 교회가 된다.

"너희가 성령이 거하시는 전인 줄 알지 못하느냐"라고 말씀하셨다. 내 몸이 성령님이 거주하시는 전, 곧 교회인 것이다.

결국 우리가 성령하나님 그분과 함께 사는 것이다. 내 뜻, 내 힘, 내 방법으로 사는 것이 아니다. 이제 내가 예수와 함께 죽었나니 이제 내가 사는 것은 내 안에 예수 그리스도가 사시는 것이다. 예수님은 지금 하나님 보좌 우편에 앉아 계신다. 그러면 누가 오신 것인가. 예수의 영, 성령하나님, 진리의 영, 그분이 내 안에 계신다.

그러므로 이제 돕는 배필을 주리라는 하나님의 뜻은 '에제르' 성령을 주신다는 것이다. 예수님이 이 땅에 오셨을 때, 그리고 심판주로 오실 때 그분이 혼자 싸우시고 심판하시는 것이 아니라는 것이다.

요한계시록에 의하면 신부군대가 백마 탄 예수님을 따른다. 심판관으로 예수 그리스도와 신부군대가 연합하여 악인들과 세상 왕들과 사탄을 심판한다.

왕 중 왕이신 예수 그리스도가 심판하러 지상에 오실 때, 신부군대가 동역자로, 돕는 배필로 심판의 역할을 한다는 놀라운 뜻이다.

예수님과 신부는 서로 떼려야 뗄 수가 없다. 결국 이는 무엇을 의미하는가?

신부는 그리스도의 돕는 배필이다. 이것은 하나님의 신적권위와 권능으로 성령의 능력으로 예수 그리스도와 부부가 되는 것, 곧 동급이 되는 것이다.

하와를 만들면서 여성에게 주었던 명칭 돕는 배필은, 남성을 제외한 여성에게만 주어진 이름이 아니다. 아담은 예수님의 표상이고, 아담에게 돕는 배필을 준다는 것은 성령하나님의 권능을 주어 마지막 때에 심판의 임무를 함께 하는 신부를 주겠다는 의미이다.

남성과 여성의 문제가 아니다. 성을 초월하여 우리는 모두 그리스도의 신부이고, 돕는 배필인 것이다.

이 엄청난 영적 의미가 담긴 돕는 배필을 보조자의 개념으로 폄하하지 않기를 바란다. 남성이 여성을 하등하게 여기기 위한 수단으로 왜곡하지 않기를 바란다. 예수 그리스도의 돕는 배필이 될 때, 우리는 신부가 되어 하나님의 나라에 들어가게 되는 것이다.

그리스도 안에서 나온 자가 신부(교회)가 된다

교회의 정체성, 그 본질은 무엇인가?

하와가 아담을 통해서 나왔다는 것은 예수 그리스도의 표상인 아담을 통하여 교회(신부)가 나왔다는 것을 상징하고 있다. 이 뜻은 바로 우리가 예수 그리스도를 영접했을 때, 내 자신이 교회가 되고 신부가 된다는 것이다.

그런 의미에서 중요한 물음을 던져야 한다. 교회(신부)가 어떻게 만들어지는가?

아담을 먼저 만드시고 신부인 하와를 나중에 만드셨다. 그 과정에서 하나님은 아담의 신부, 여성 하와를 만드시기 위해 상당한 고민을 하셨을 것이다. 어떤 작가가 작품이나 책을 쓰기 위해서 그 내용을 고민하고 구상하며 오랜 시간 심사숙고하는 것처럼 말이다.

하나님이 여성인 신부 하와를 나중에 만드시면서 더 심화되고 중요한, 더 영적인 깊은 뜻을 지닌 존재로 만드시지 않았을까 싶다. 왜

149

냐하면 "아담이 혼자 독처하는 것이 하나님이 보시기에 좋지 않다" 라고 하신 것을 볼때 하나님의 고민을 엿볼 수 있기 때문이다.

하나님은 완전하신 분이시다.

천지창조 때에 다 만드시고 "보시기에 좋았다"라고 표현하셨다. 인간을 만드시고 "심히 보시기에 좋았더라"고 한층 더 강조의 표현을 사용하셨다.

이것이 창조의 원리이다. 하나님이 택하신 신부들은 최종적으로 하나님의 모양과 형상으로 회복되는 것이다.

예를 들면, 성경 전체의 내용과 하나님 나라의 결론은 요한계시록 19장에서 예루살렘성으로 완성된다. 우리 인생의 최종 목적지, 본향은 천국이다. 마지막 계시록 22장에 새 하늘과 새 땅에 들어가는 것으로 끝나는 것이다.

태초에 하나님이 천지를 창조하시니라 땅이 혼돈하고 공허하며 흑암이

깊음 위에 있고 하나님의 영은 수면 위에 운행하시니라 _창 1:1-2

창조의 시작이 흑암, 혼돈, 공허로 시작하는 것은 다음과 같은 영적 의미로 연결된다.

처음에 아담이 "홀로 독처하는 것이 보기에 좋지 않다"라는 것

으로 시작하여 신부인 교회를 만드셔서 둘이 하나가 될 때, 비로소 "보기에 좋았더라"가 된다. 이러한 영적 원리를 통하여 마침내 새 예루살렘성과 같은 너무나 아름다운 "보기에 좋았더라"로 끝내시겠다는 작가의 의도가 담겨져 있다. 이 사실을 깨닫고 출발하면 성경 내용 전체를 이해하는 데 도움이 될 것이다.

짐승 중에서는 아담의 배필이 없다. 즉, 짐승 중에서는 예수님의 신부가 없다. 여기에 놀라운 비밀이 숨어 있다.

에베소서 1장의 말씀과 연결된다. 예수님의 신부는 '그리스도 안에서' 예정하시고 택하신다. 그리스도 안에서 취한 자만이 그리스도의 신부가 될 수 있다. _엡1:3-10

그리스도 안에서 취했으니까 신부의 본질과 원형은 오직 그리스도 예수라는 사실이 증명되지 않는가? 나는 따로 만들어진 것이 아니라 예수 그리스도 안에서 나온 것이라는 뜻이다.

그러므로 예수님 안에서 나오지 않은 생물들은 다 짐승이라는 뜻이 된다. 이제 거꾸로 원리를 적용해 보면, 내가 예수님을 만나서 예수님이 내 신랑이 되신 게 아니다. 나는 원래 예수님에게로부터 나온 존재이다. 그러니 다시 그와 연합한다는 원리이다.

여호와 하나님께서 예수 그리스도 안의 뼈, 갈빗대를 취해서 여자(교회)를 만드셨다. 우리는 예수 그리스도의 "뼈 중의 뼈요 살 중의 살"인 것이다. 여자(신부, 교회)가 나온 출처 자체가 다름을 말해준다.

하나님이 우리를 구별해서 보시는 기준, 즉 신부의 자격 조건은 나의 행위가 아니다. 어디로부터 나왔는가. 바로 출처를 보신다는 놀라운 사실이다.

예수님은 유대인들에게 "너희는 너희 아비 마귀에게서 났으니" 요8:44 라고 말씀하셨다.

출처가, 즉 뿌리가 다르다는 것이다. 따라서 내가 나온 것은, 신부가 나타남은 나의 나 됨이 절대 아니다. 나의 출처, 곧 뿌리가 예수 그리스도이기 때문이다.

성경은 예수 그리스도와 신부인 교회 이야기

씨를 가지고 있는 남성의 DNA를 가지고 태어나는 것이 아들이다.

과학적으로 유전자는 단백질로 이루어져 있다. 이 시대는 과학의 발달로 생명을 복제하는 단계까지 왔다. 이것은 유전자 정보인데, 아버지의 유전자 정보를 복사하여 그대로 몸에 새겨 태어나는 것이다.

아들은 아버지가 없으면 자녀가 될 수 없다. 왜 예수님을 아들이라고 표현할까? 사실 예수님은 아들이 아니다. 예수님 자체가 그리스도, 하나님이시다. 삼위일체로 위격은 세 분이시지만 본질은 같다.

예수 그리스도는 말씀으로 아들의 역할을 맡으셨다. 말씀의 씨를 받아 하나님의 유전자 정보를 가지고 이 땅에 오신 것이다. 그래서 결혼을 해야 된다.

남성은 자칼, 여성은 네케바로 하나님께서 성의 역할을 구분하셨다. 남성은 씨를 가진 존재이고, 여성은 교회이고 신부이다. 신부를 구원하시기 위하여 인류의 역사가 시작된 것이다.

하나님께서 보실 때는 남성도 여성이다. 오직 하나님만이 남성이시다. 그분이 씨를 가지셨기 때문이다. 독생자는 오직 하나이신 아들이며, 진리는 오직 하나라는 것이다. 결국 예수님만 진리, 씨를 가진 자인 것이다.

씨가 둘이라면 진리가 될 수 없다. 진리는 이 세상에 하나밖에 없다. 예수님을 독생자 외아들이라고 표현한 것은 그분만이 하나님의 진리를 가져오신 분이기 때문이다.

구속사는 '낳는 역사'이다.

하나님께서 독생자를 진리로 낳으셨다. 야고보서에 "너희를 진리로 낳았다"고 밝혔고, 시편 2편에도 "오늘날 내가 너를 낳았도다 너는 내 아들이다"라고 분명하게 정의했다.

아들은 예수 그리스도이시다. 예수님은 말씀으로 낳아서, 말씀을 가지고, 이 땅에 신부를 만나러 오신 것이다.

창세기 5장에는 아담의 아들 가인과 아벨 중에 첫 제물이 된 아벨의 후손들의 계보가 나온다. 즉 메시아 족보의 셋의 후손들에 관한 이야기로 '낳고', '낳고'만 열거하고 있다. 이는 창세지 4장 가인의

후손들과 대조된다. _창4:16-24

가인의 후손들은 성을 쌓고, 가축을 치는 자의 조상이 되고, 수금과 퉁소를 잡는 자들, 구리와 쇠로 여러 가지 기구를 만드는 자들이라고 표현된다. 바로 육적 후손들은 이 세상의 물질문명, 산업문명, 공업, 상업, 예술 등의 문명을 이루는 자들이다. 곧 인본주의를 만드는 주역들로 등장하는 것을 볼 수 있다.

반면 영의 후손, 약속의 후손들은 오직 '낳다'에 주목한다. 이것은 무엇을 의미하는가?

바로 구속사는 '낳는 역사'라는 것이다. 생명을 낳고 진리를 낳는다는 의미이다.

씨가 없으면 교회를 다녀도 무늬만 크리스천이다.

영성이 있던 교회도 규모가 커지니까 기업이 되어 버린다. 무화과 잎은 인본주의를 뜻한다. 종교적인 것, 겉으로 보이는 것을 추구한다.

씨는 안 보인다. 먹어야 보인다.

예수 그리스도께서 "나는 이 땅에 한 알의 밀알로 왔다"고 하셨다. 예수님 자체가 씨앗으로 오셨다.

미라의 관에서 수천 년 동안 잠든 씨앗에 양분과 물, 햇빛을 주니 살아났다. 죽은 듯 보이나 생명이 깃들여 있었다.

기독교는 생명이다. 내가 죽고 예수 그리스도를 먹을 때, 새로운 생명으로 태어난다. 하나님 나라의 영적 원리, 공식은 변하지 않는다. 영원하신 신성과 능력을 자연에 감추어 놓으셨으며, 마지막 때 핑계치 못한다고 하셨다. _롬1:20

다시 말하지만 남성은 자칼, 씨를 가진 자이다. 그 씨는 말씀이다. 말씀은 곧 언약이다. 남성을 의미하는 자칼의 뜻은 '언약을 기억하는 자'이다.

이 또한 비밀이다. 유일한 남자는 예수 그리스도이시다. 예수 그리스도가 유일한 남성형, 남자의 대표, 즉 아들로 오신 것이다.

원래 하나님 나라는 남성, 여성의 구별이 없다. 하나님께서 영적 원리를 설명하시기 위해, 하나님과 예수님이 남성의 역할을 맡으신 것이다. 그분이 씨를 가지셨기 때문이다. 그 씨를 신부, 교회인 우리에게 주시기 위해 스스로 남성의 역할을 감당하신 것이다.

그 뜻은 '언약을 기억하는 자'이다. 예수님께서 하늘에서 뜻을 가지고 이 땅에 내려오셨다. 그 뜻을 이루시고, 십자가에서 "다 이루었다"고 말씀하셨다.

여성은 '네케바'이다. 반드시 자칼, 아들의 씨를 받아 영적 아들의 생명이 되어야 하늘의 유업을 받는다.

'네케바'는 씨를 받는 자궁과 그릇이다. 네케바는 원어 나카브에서 왔는데, '지명하여 부르다'라는 뜻이다. "내가 너를 지명하여 불렀나니 너는 내 것이라"라는 의미와 상통한다.

> 야곱아 너를 창조하신 여호와께서 지금 말씀하시느니라 이스라엘아 너를 지으신 이가 말씀하시느니라 너는 두려워하지 말라 내가 너를 구속하였고 내가 너를 지명하여 불렀나니 너는 내 것이라 _사43:1

"내가 너를 지명하여 불렀다"의 '부르다'는 '카라'이다.

잠시 곁길로 빠져 흥미로운 점을 살펴보자. 우리나라가 영어로 Korea인데, Korea가 원어로 '카라'이다. 그래서 한국은 하나님께서 지명하여 부른 민족이다. 시인 타고르는 대한민국을 '동방의 등불'이라고 했다. 전 세계가 이 작은 한반도를 주목하고 있다. 전 세계가 우리나라에 의해 좌지우지되고 있다. 이것은 하나님의 엄청난 계획이 있는 것이다.

여성은 신부이자 교회이다. 교회는 에클레시아, 하나님이 불러내어 모으신 자들이다.

예수님께서 "나사로야, 나오라"고 하셨기 때문에 나사로만 나왔다. 그냥 "나오라"고 말씀하셨다면, 무덤에 있는 자들이 모두 나왔을 것이다. "내가 너를 지명하여 불렀나니"는 예수님께서 나사로만 부른 것과 같은 의미이다.

이는 곧 예수 그리스도와 신부인 교회 이야기이다.

'언약을 기억하는 자'인 자칼은 씨를 가진 예수 그리스도를 상징한다. '지명하여 부름을 받은' 네케브는 자궁을 가진 신부, 곧 교회이다. 씨를 가진 오직 한 분 예수 그리스도와 연합하여 하나가 될때, 우리는 생명을 잉태하는 신부가 되는 것이다. 말씀을 받아 생명을 잉태하는 자만이 마지막 때에 새 예루살렘성에 입성하는 주인공이 될 수 있다.

아담이 오실 자의 표상으로 성경에 나타나 있다. 아담의 아내인하와는 오실 자의 아내가 되므로, 요한계시록에 있는 어린양의 아내로 해석하기도 한다.

예수 그리스도께서는 하늘 보좌를 버리시고 이 땅에 인간의 모습으로 오셨다. 그리스도는 영이시다. 그리스도를 영접하는 자는 영의 사람이 된다.

하나님이 아담에게 물으셨다.

너의 짝은 어디 있느냐? 너의 반쪽은 어디 있느냐?

질문의 요지는 분명하다. 많은 동물들을 지나게 하시면서 아담이깨닫도록 하신 것이다. '진정한 짝은 네 안에 있다. 바깥에서 아무리찾아봐도 너의 짝은 없다'는 것을 아담이 깨닫기를 원하셨다.

인간은 행복을 찾기 위해 헤맨다. 또한 자신의 반쪽을 찾기 위해 파랑새를 찾듯이 세상을 헤매고 다닌다.

그러나 주님은 우리에게 말씀하신다. 너희 안에 그리스도가 있다. 바로 그분을 찾아야 한다고 말씀하시는 것이다.

이것이 흑암과 공허, 혼돈 가운데 헤매는 인간들에게 주는 교훈이다. 참 생명이신 우리의 영원한 짝이신 그리스도가 내 안에 있다는 것을 알려 주시는 놀라운 성경의 비밀이다. 바로 그리스도 안에서 택하시는 원리이다.

비로소 아담이 이 원리를 깨달았을 때, 하나님이 아담을 잠재우신다. 그리고 아담 안에 있는 갈비뼈를 취하여 신부인 하와(교회)를 만들어 내신다.

성경에서 잔다는 것은 죽음을 의미한다. 바로 십자가의 죽음이다. 예수 그리스도께서 십자가에서 죽으심으로 교회 신부가 탄생한 것이다. 그로 말미암아 하나님이신 예수 그리스도 신랑께서 죄인인 신부, 곧 나에게 영적 생명을 주신 것이다.

고린도전서 15장에 기록된 바 첫째 아담은 '산 영'이시다. 마지막 아담인 예수 그리스도는 '살리는 영'이다. 죄인인 나를 신랑 예수 그리스도께서 '살리는 영'으로 다시 재창조하신 것이다.

이것이 성경 전체의 핵심이다. 인류 역사 전체를 아우르는 하나님의 계획이요, 섭리이다.

그러므로 우리는 여성에게 주목할 필요가 있다. 여성인 교회는 얼마나 신비로운 하나의 작품인가. 하나의 작품을 완성하기까지 숱한 산고의 진통을 겪어야 하는 것처럼 전능자 하나님이심에도 신부 하나를 만드시기 위하여 이렇게 엄청난 수고를 하시는 것이다.

신부를 만드시기 위해, 독생자 외아들 예수 그리스도를 비천한 사람의 모양과 형상으로 내려 보내셨다. 모진 고통과 아픔, 고난을 겪게 하시고 십자가에서 죽게 하셨다. 그 해산의 진통으로 신부인 교회가 탄생한 것이다.

엄마가 아기를 낳을 때 양수가 터지고 자궁막이 찢어지면서 물과 피를 다 쏟는다. 예수 그리스도는 십자가에서 물과 피를 다 쏟으시고 신부를 낳으신 것이다.

성경은 모두 예수 그리스도 신랑과 신부의 이야기이다.

창세기부터 요한계시록까지 모든 이야기의 주인공은 예수 그리스도와 신부다. 예수 그리스도의 신부로 우리가 그 자리에 있다는 사실이 감격스럽지 아니한가.

먼저 창세기 2장에서 아담과 하와 사건을 통해 우리에게 조명해 주시고자 하는 바에 주목해야 한다.

우리는 교회이자 신부이다. 우리가 먼저 알아야 할 것은 아버지의 뜻은 상징을 통해 그 나라를 설명해주신다는 것이다. 아담은 예수 그리스도를 상징하며 신랑을 뜻한다. 반면 하와는 교회를 상징하며 예수 그리스도의 신부를 뜻한다.

> 그러므로 사람이 부모를 떠나 그의 아내와 합하여 그 둘이 한 육체가 될지니 이 비밀이 크도다 나는 그리스도와 교회에 대하여 말하노라 _엡 5:31-32

　남편과 아내의 하나 됨의 비밀은 그리스도와 교회의 하나 됨으로 드러난다.

　"남자가 부모를 떠나 아내와 합하여 둘이 한 몸을 이룰지어다"는 아버지의 명령이다. 이것이 요한계시록의 결론이다. 그리스도와 교회 신부가 하나 되어서 새 예루살렘성 안에 거하는 것이며, 이 세상의 결론이다.

예수님을 따르는 신부군대

새 예루살렘성에 대해 알아야 한다.

우리나라 말은 남성형, 여성형의 개념이 없다. 히브리어에는 남성형, 여성형의 구분이 있다. 하나님 아버지, 예수 그리스도는 남성이다. 시온의 딸은 교회이고, 교회는 신부, 여성이다. 새 예루살렘은 여성이다.

하나님께서 말씀하신 남자와 여자는 개념 자체가 다르다.

일곱 대접을 가지고 마지막 일곱 재앙을 담은 일곱 천사 중 하나가 나아와서 내게 말하여 이르되 이리 오라 내가 신부 곧 어린 양의 아내를 네게 보이리라 하고 성령으로 나를 데리고 크고 높은 산으로 올라가 하나님께로부터 하늘에서 내려오는 거룩한 성 예루살렘을 보이니 _계21:9-10

그 예루살렘성은 무엇인가?

이 새 예루살렘은 하늘에서 하나님으로부터 내려온 것이다. 원래부터 하나님의 소유라는 뜻이다. 곧 신부를 가리킨다.

신부! 매우 중요한 말씀의 기초이다. 교회가 어린양의 신부이며, 신부가 완성되는 모양의 결론은 새 예루살렘성이다.

아담을 지으시고 "아담이 혼자 있을 때 독처하는 것이 보시기에 좋지 않더라"고 하나님께서 로토브라고 부정으로 말씀하셨다. 부정으로 말씀하실 때는 반드시 토브(좋았더라)로 만드시겠다는 의지가 있으신 것이라고 했다.

하나님은 완전하시고, 완전하신 하나님 자신이 보기에 좋지 않다고 표현하셨다면, 하나님의 계획과 의지는 반드시 토브(선)로 만드시겠다는 것이다.

왜 그러하셨을까? 그 이유는 우리는 불완전한 존재로 만들어졌지만, 예수님을 믿고 구속사에 들어가면 완전한 존재가 된다는 의미이기 때문이다.

하나님이 우리를 물과 성령으로 거듭나게 하시고, 성령님께서 우리를 견인해 가셔서, 마지막 단계인 영화의 단계로 이끄신다.

지금 우리는 불완전한 존재이고, 과정 가운데 있다. 그러나 내가 성령 안에 있고, 성령님이 나를 견인해 가시고, 또 내가 하나님의 뜻과 의지 가운데 붙들려 있다면, 하나님이 우리를 마지막 단계인 새 예루살렘성으로 만드신다.

> 성 안에서 내가 성전을 보지 못하였으니 이는 주 하나님 곧 전능하신 이와 및 어린 양이 그 성전이심이라 _계21:22

하나님 자신과 예수 그리스도 자신이 성전이 되셨다. 새 예루살렘성을 완성하는 것이 모든 구속사의 결론이고, 하나님의 뜻이다. 그 결론으로 완성된 새 예루살렘성이 하나님 자신이라는 것이다.

하나님 자신이 되셨기 때문에 완전한 선인 것이다. 새 예루살렘성은 완전한 토브이고, 완전한 선이다. 마침내 '보시기에 좋았더라'로 완성이 되는 것이다.

놀라운 사실은 그 예루살렘성이 신부라는 점이다.

신부는 말씀으로 성전이 되어간다. 성은 돌(산돌)로 지어진다고 베드로전서에 나와 있다. 산돌이신 예수님이 모퉁잇돌이 되신다. 그리고 우리는 산돌로 지어져 가는 것이다.

"너희가 성전인 것을 알지 못하느냐"라고 하셨다. 곧 예루살렘성은 말씀의 돌, 말씀의 산돌로 계속 지어져가는 과정에 있는 것이다.

하나님은 말씀이시고, 예수님도 말씀이시고, 성령님도 진리의 영이시다. 따라서 오로지 예수 그리스도의 산돌로 지어진 새 예루살렘성이 완성되면, 나는 없어지고 예수 그리스도로 완성되는 것이다. 예수 그리스도, 하나님만 남으시는 것이다. 말씀만 남으시는 것이다.

신부단장은 꽃단장하는 것이 아니다.

요한계시록 19장에 신부군대가 등장한다. 예수님이 백마 타고 심판주로 내려오신다. 그리고 그 뒤에 신부군대가 내려온다.

아침 빛같이 뚜렷하고 달같이 아름답고 해같이 맑고 깃발을 세운 군대 같이 당당한 여자가 누구인가 _아6:10

아가서에서도 신부를 용사로 묘사한다. 이 말씀을 통하여 볼 때 신부는 용사, 군사, 군대를 뜻한다.

여성은 신부이다. 예수님이 백마 타고 재림하실 때, 신부군대는 하얀 세마포를 입고 예수님 뒤를 따라온다. 아가서의 '아침 빛같이 뚜렷하고 달같이 아름다우며 해같이 맑고 기치를 벌인 엄위한 군대'는 바로 신부, 우리 자신이다.

아가서의 신랑 솔로몬은 예수 그리스도의 표상임과 동시에 신부의 표상이다. 남성들도 신부이다. 우리 모두는 곧 신부인 것이다.

여기서 신부는 꽃단장하는 신부가 아니다. 이 땅에서 영적 전쟁을 치르는 군대로 세워진 하나님의 거룩한 신부인 것이다.

수많은 영적 전쟁에서 싸워 이겼다는 증거이다. 용사의 모습이다.

아가서에 나오는 술람미 여인은 천 명의 후궁들 중 가장 못생겼고 비천했다. 그럼에도 솔로몬 왕의 눈엔 가장 아름답게 보였다.

술람미 여인을 게달의 장막이라고 표현했다. 이것은 군대에서 사용하는 시커먼 천막 천을 말한다. 포도원에서 뜨거운 태양 아래 하루 종일 일하니 얼굴에는 시커먼 기미가 끼고 주근깨 투성이의 시골 여인 같았을 것이다.

우리는 많은 사람들에게 예쁘게 보일 필요가 없다. 내 신랑에게만 예뻐 보이면 된다. 내가 못생겨도, 내 신랑만 나를 예뻐해 주면 되는 거 아닌가.

최고의 왕이 여느 아름다운 미녀들을 버리고 술람미 여인만 어여쁘게 여긴다. 하지만 그녀의 몸과 얼굴은 온통 상처투성이다.

아가서의 여인은 '군대같이 당당한 여자'다. 결코 꽃단장한 여인이 아니다. 전쟁터에서 돌아온 최고의 장군인 그녀가 자랑스럽게 보여주는 것은 그 몸에 가득한 수많은 흉터다. 전쟁에서 싸워 이겼다는 증거이다. 또한 십자가 고난의 행군을, 영적 전쟁을 수없이 치르고 받은 영광의 훈장이라는 암시이기도 하다.

신부를 꽃단장한 공주로 생각하면 오산이다. 아무것도 할 줄 모르는 연약한 여인으로 생각하면 안 된다. 예수님이 재림하실 때 뒤를 따르는 그 군대가 바로 신부군대이다.

그러므로 우리는 온몸에 예수 그리스도의 흔적을 지닌 용사여야 한다. 마지막 날의 신부는 영적 전쟁에서 싸운 상처투성이 용사의 모습으로 내려오기 때문이다.

> 이 후로는 누구든지 나를 괴롭게 하지 말라 내가 내 몸에 예수의 흔적을 지니고 있노라 _갈6:17

예수의 흔적을 영혼과 몸에 지닌 상처투성이의 신부를 상상해보라. 십자가에 달리셔 온 몸이 찢겨져 나가 생명의 보배로운 피를 흘리고 계신 예수 그리스도와 오버랩이 되지 않는가. 찬란하게 빛나는 승리한 신부의 모습이 너무나 아름답지 않은가.

마귀를 멸하는 신부

창세기 3장에 사탄 마귀가 인간들을 꾀므로 이 땅에 사망이 들어오게 되었다.

아담과 하와는 원래 에덴에 있었다. 에덴은 기쁘고 즐거운 곳이다. 그곳에는 영원한 생명을 주는 생명나무가 있었고, 그것으로 영원한 생명을 누릴 수 있었다. 그러나 사탄 마귀로 인하여 쫓겨나게 되었고 이 세상에 저주가 들어왔다.

하나님이 아담과 하와 그리고 공범인 뱀에게 저주와 형벌을 내리셨다. 재판의 가장 큰 벌은 죽음, 사망이다. 그리하여 죽음은 우리 안에 내재되었다. 인간이 가장 두려워하는 죽음에 휩싸이게 된 것이다.

우리는 건강하게 살아가길 소원한다. 아프지 않기를 바라는 까닭은 질병이 바로 사망의 증세이기 때문이다. 몸이 아프고, 건강에 적신호가 오면 곧 죽음과 연결되기에 두려운 것이다.

천국에 가면 아픔도, 눈물도, 고통도 없다. 몸이 아픈 것과 마음이 아픈 것은 다 사망의 증상이다. 이런 것들로 인해 하나님의 영원한 생명에서 떠날 수밖에 없는 것이다.

그러면 사탄이 없으면 되지 않느냐고 반문할 수 있다. 왜 하나님은 인간도 만드시고 사탄도 만드셔서 이런 고생을 겪게 하는가? 생명과만 만드시면 되지 왜 선악과를 만드셔서 그것을 따 먹을 수밖에 없게 하셨는가? 이런 의문에 사로잡힐 수 있다.

하나님이 이 땅에 신부들을 세우신 목적을 생각해야 한다. 바로 영적 전쟁을 치르기 위함이다. 그래서 영적인 군대로 세우신 것이다.

죄를 짓는 자는 마귀에게 속하나니 마귀는 처음부터 범죄함이라 하나님의 아들이 나타나신 것은 마귀의 일을 멸하려 하심이라 _요일3:8

마귀는 태초부터 범죄자로 태어났다. 하나님이 의인과 악인을 만드셨는데, 의인은 의인으로 태어난 것이다. 어떠한 행위를 해서 의인이 된 것이 아니다. 그래서 영적 세계는 만들어진 게 아니고 '낳음'이다.

가인의 후예와 아벨, 셋의 후예가 다르다. 가인은 인간 세상에서 자기 나라를 구축하기 위해서 문명과 문화와 과학을 만들어 나간다. 셋의 후예, 약속의 자녀들은 하나님의 섭리대로 살아간다.

뱀의 자식이 있고, 여자의 후손이 있다. 여자의 후손은 약속의 자녀다.

아브라함의 약속의 자녀는 이삭이다. 씨를 가진 자, 낳은 관계이다. 다시 말해 생명을 뜻한다. 만들어진 것이 아니다. 그러나 악인은 계속 악인을 낳는다. 예수님께서도 "너희 아비는 마귀니라"고 하셨다. 아비라는 것은, 마귀에게서 낳아졌다는 것이다.

예수님이 이 땅에 오신 목적은 마귀의 일을 멸하기 위함이다. 그 사명을 예수님 혼자서 감당하시는 것이 아니다. 그분을 신랑이라고 표현한 것은 신부를 맞이하신다는 것이고, 그분에게 동료이자 파트너가 있다는 뜻이다.

우리는 사탄의 정체를 드러나게 하는 말씀을 가진 자이다. 그래서 말씀을 선포하고 공포할 때 사탄의 속성과 정체가 드러난다.

말씀은 영이시고, 하나님이시고, 검이고, 빛이고, 살아서 운동력이 있다. 따라서 말씀의 잣대로 선포했을 때, 사탄은 심판의 자리에 들어간다.

우리가 예수 그리스도의 말씀과 연합한 자로 말씀을 선포할 때, 마귀는 멸망하게 된다. 이런 까닭에 신부를 군대이자 용사로 성경에 표현하고 있는 것이다.

하나님께로부터 난 자마다 죄를 짓지 아니하나니 이는 하나님의 씨가

그의 속에 거함이요 그도 범죄하지 못하는 것은 하나님께로부터 났음 이라 _요일3:9

핵심은 말씀을 가진 자, 하나님의 씨를 가진 자가 되는 것이다. 이런 자가 바로 심판권을 행사할 수 있는 예수 그리스도의 신부이고, 마귀의 일을 멸하는 것이다.

누구든지 "나사렛 예수 그리스도의 이름으로 명하노니 떠나갈지어다"라고 말하면 마귀가 떠나갈까? 아니다. 말씀이 하나님이시니 말씀의 씨를 가진 자라야 한다. 그가 공포할 때 비로소 마귀가 멸해진다고 분명히 밝히고 있다.

결국 사탄의 주요 목적이 무엇일까?

말씀을 갖지 못하게 하는 것이다. 이 땅의 거룩한 신부들을 말씀에서 멀어지게 하는 것이다. 유혹하고 변질시키고 타락시켜 결국 하나님의 나라에 들어가지 못하도록 만드는 것이 사탄의 역할이다.

그런데 뱀은 여호와 하나님이 지으신 들짐승 중에 가장 간교하니라 뱀이 여자에게 물어 이르되 하나님이 참으로 너희에게 동산 모든 나무의 열매를 먹지 말라 하시더냐 _창3:1

아담과 하와 이야기에 최초로 동물이 등장했는데, 뱀이었다. 이 뱀이 요한계시록에 가서는 용으로 나온다.

요한계시록에서 말하는 그 용은 상징이다. 진짜 불 뿜는 용을 말하는 게 아니다. 그렇다면 창세기의 뱀도 진짜 동물인 뱀을 의미하는 것이 아니다. 뱀의 속성을 가진 사탄 마귀를 상징한다.

이는 단순히 하나의 이야기가 아니다. 이를 통해 하나님께서 우리에게 주시려는 영적인 메시지가 있다.

요한계시록에 짐승이 나오고, 짐승 정부가 나온다. 적그리스도가 나오는데, 적그리스도는 인간이다. 또한 거짓 선지자는 개구리 같은 더러운 영이라고 한다. 실제 모습의 개구리일까. 아니다. 뱀도 용도 실제의 모습이 아니다. 모두 사람을 말한다. 사람 안에 사탄 마귀의 영이 들어와서 때로는 뱀같이, 때로는 개구리같이 행동하는 것이다. 뱀의 속성과 개구리의 속성을 가진 악한 영들이 들어와서 역사한다는 의미이다.

예수님을 독수리, 인자, 사자 등으로 표현하는 것도 마찬가지다. 이 역시 그분이 가지고 있는 속성을 말하는 것이다.

여기서 들짐승이라고 표현한 것은, 진짜 짐승을 말하는 게 아니다.

인간은 동물이 될 수도 있다. 하나님이 그리될 수도 있다고 경고했다. "존귀에 처하나 말씀을 깨닫지 못하는 자는 짐승과 같다"_시

49:12 라고 했다.

하나님의 말씀을 받은 자, 말씀이 된 자는 하늘이 된다고 했다. 그래서 하늘에 속한 자, 신이라 일컬음을 받으리라고 말씀하셨다. 요 10:35 이는 존재론적인 것의 상황과 상태를 말하는 것이다. 결코 나의 겉모양이나 자격 또는 됨됨이를 의미하지 않는다.

내 안에 있는 영의 속성에 따라 내가 짐승의 영을 받았느냐, 하나님의 영을 받았느냐? 내가 귀신의 영을 받았느냐, 성령을 받았느냐? 죄의 법 아래 있느냐, 생명의 법 아래 있느냐?

바로 그 차이인 것이다.

사도 바울도 두 가지 법이 내 안에 있다고 고백했다. 나라는 주체(혼의 지정의)가 말씀을 똑같이 받았다. 그럼에도 말씀을 깨닫지 못하고 생명의 말씀으로, 영의 양식으로, 레마로 받지 못하면 내 영은 짐승이 된다.

반면 이 말씀을 살아있는 생명의 말씀으로, 하나님의 진리의 말씀으로 받는다면 어떨까. 하나님의 본의를 깨달아 내 안에서 말씀이 육신이 된다면 나는 하늘이 되고, 하늘 안의 신적 영역에 속한 자가 되는 것이다.

뱀을 굳이 들짐승이라고 표현한 것에는 더 깊은 의미가 있다.

스데반 집사가 표현했듯이 우리는 영적인 들, 광야에 살고 있는 광야교회이다.

이스라엘 백성들이 광야를 지날 때, 그들을 괴롭힌 것이 불볕더위와 밤의 추위, 아말렉 족속만 있는 것은 아니었다. 거기엔 불뱀이 있었다. 그래서 이스라엘 백성들이 원망할 때 불뱀을 풀었다는 기록도 있다. 백성들이 불뱀에 물려 죽어갈 때, 놋뱀을 만들어서 장대에 달았다. 놋뱀을 보는 이는 살았다. 그러니 광야에는 뱀이 있다는 것이다.

그 뱀은 우리가 알고 있는 짐승, 진짜 뱀이 아니다. 사실 뱀도 하나님의 창조물이고 하나님이 지으신 생물이기에 아름다운 것이다. 하지만 사탄 마귀가 가지고 있는 특징과 속성이 뱀과 같기 때문에 그것을 통해 우리에게 메시지를 주고자 하신 것이다.

우리는 광야에 살고 있기 때문에 도리 없이 뱀을 만난다. 그것도 아주 무서운 불뱀, 독뱀을 만날 수밖에 없다. 그러므로 우리를 살려주실 수 있는 분은 오직 예수 그리스도밖에 없다. 장대에 달린 놋뱀처럼 그분을 바라보지 않고는 살아날 길이 없다.

신부는 군대이다. 영적 전쟁의 최전방에 있는 군대다.

다시 말해 우리에게는 싸워야 할 대상이 있다는 것이다. 그 대상이 사탄 마귀이다. 요한계시록 12장에는 용으로 나온다. 그것은 분명히 옛 뱀이라고 되어 있다.

창세기 3장에 최초로 신부(하와)가 원수 마귀와 붙었다. 신부는 패배했다. 끝이 아니었다. 하나님이 마귀의 일을 멸하기 위하여 이 땅에 하나님의 아들을 보내셨다.

하지만 초림 예수님은 십자가에서 죽으셔야 했다. "뱀은 여자의 후손의 발꿈치를 상하게 하고, 여자의 후손은 뱀의 머리를 상하게 할 것이다"라는 말씀은 바로 십자가 사건에 닿아 있다.

십자가 사건에서 마귀가 분명히 머리통이 부서졌고 패배한 것 같았다. 하지만 여전히 살아서 한층 기세가 등등하다.

이것은 무엇을 뜻하는가?

하나님께서 아담과 하와에게 "선악과를 먹는 날에는 정녕 죽으리라"고 하셨다. 실제로 죽었는가? 죽지 않았다. 이는 영적 세계를 의미하는 것이다. 앞에서도 거론했듯 그 대신 질병이 왔다. 질병은 죽음의 증상이다.

그러나 하나님 나라에선 이미 다 끝났다. 십자가에서 죽으심을 통하여 이미 영계 안에서 사탄 마귀는 멸망한 것이다.

그러나 재림 예수가 오시기 전까지 사탄은 여전히 우리를 괴롭힌다. 사탄의 마지막을 알지만 우리는 믿음으로 이 땅에서 그들과 대적해야 되는 것이다.

그 일을 위해 예수님이 우리를 맞으러 오신다. 교회 신부를 맞이하러 오시는 게 하나님의 목적이다.

마지막 때는 지성소에 들어가는 법궤의 말씀을 소유해야 한다

들짐승 중에 뱀이 가장 간교 하더라 _창3:1

간교함에는 굉장히 지혜롭다는 의미가 담겨 있다.

마지막 때 사탄은 어떤 모습으로 등장하는가? 광명의 천사로 등장한다.

마지막 때는 외모 지상주의가 만연해진다. 바로 지금이 그러하다. 보이는 겉모습을 최상의 가치인 양 여기고 있다.

양의 탈을 쓴 늑대가 있다. 겉모습은 순한 양이고, 실상은 늑대이다. 사람들은 겉모습에 현혹되어 실제의 무서움을 파악하지 못한다. 아름답고 멋지다며 열광한다. 심지어 롤모델로 삼아 추앙까지 한다.

다니엘서, 스가랴서, 마태복음, 요한계시록을 보면 알 수 있다. 가장 위급하고 고통스러운 환란의 때에 적그리스도가 나타난다.

마지막 때에는 어둠과 흑암과 혼란이 만연하고, 기근이 심해지고, 처처에 자연재해와 전쟁 등의 일들이 벌어진다. 사람들은 이것들을 해결해 줄 영웅을 원한다. 그때 '짠' 하고 나타나는 것이 적그리스도이다.

마지막 영적 전쟁은 말씀 전쟁이다.

뱀이 신부에게 말로 들어왔다. "가장 간교하더라"라는 것은 가장 아름답고 훌륭한 광명의 천사로 보였다는 것이다. 우리가 익히 아는 징그러운 모습으로 뱀이 하와에게 왔다면, 하와가 선뜻 대화를 나누며 교제했겠는가. 아니다. 하와의 눈에 뱀은 아름다운 천사의 모습이었다. 너무나 훌륭하고 똑똑해 보였던 것이다.

마태복음 24장에 마지막 때의 징조에 대해 예수님께서 말씀하셨다. "택하신 자들도 미혹하리라"_마24:24 그렇다. 택한 자들도 넘어갈 수 있다는 것이다. 또한 끝까지 견디는 자를 보겠느냐, 라고 하시기도 했다.

그렇다면 내가 미혹되고 싶어서 미혹에 빠지는가?

미혹되어지는 것이다. 나도 모르게 그렇게 되는 것이다. 우리 안에 말씀이 없는 탓이다. 말씀이 빛이고, 말씀이 분별의 영이다. 말씀이 없으니까 미혹에 넘어가고 마는 것이다.

성경에 나타난 살아있는 생물 뱀은 진짜 사탄도, 마귀도 아니다.

뱀의 특징이 사탄과 같아서 그 상징으로 사용되었을 뿐이다. 레위기에 부정한 동물과 정한 동물을 설명한다. 이 역시 같은 이치이다. 그 속성을 말하고 있는 것이다.

뱀의 속성을 통해 사탄의 특징을 살펴보자.

첫째, 뱀은 땅바닥을 기어서 다니기 때문에 좀처럼 우리의 눈에 띄지 않는다. 뱀이 다가오는 소리 역시 잘 들리지 않는다. 사탄도 이와 같다. 은밀하게, 소리 없이 우리의 영역 안으로 들어온다.

또한 뱀은 길다. 긴 몸통으로 똬리를 튼다. '길다'에도 사탄의 특징이 담겨 있다. 그만큼 길고 끈질기다는 것이다.

뱀이 하와에게 말을 시켰다. 초면에 갑자기? 아니다. 하와가 뱀을 처음 본 게 아니라는 것이다. 원어상으로는, 그동안 말로 교제를 해왔다는 의미이다.

일단 뱀과 교제가 시작되면, 뱀은 금방 끝내지 않는다. 자기의 목적을 달성할 때까지 굉장히 끈질기게, 긴 시간에 걸쳐 말을 건다.

우리의 인생에서도 어둠의 역사, 사탄의 역사가 내 인생에서만 끝나지 않고 보통 대물림 된다. 한번 사탄에게 사로잡히면 벗어나지 못하고 길게 어둠 속에서 헤매게 된다.

'똬리를 튼다'는 것은 몸으로 먹잇감을 휘감아서 옥죄는 것이다. 그 옥죄는 힘이 너무나 강해 상대를 질식시킨다. 이렇듯 사탄 마귀는 우리의 숨통을 조여 온다.

요즘 정신질환이 너무나 많다. 강박증, 공황장애, 우울증...... 이런 병의 공통된 특징은 호흡 곤란을 일으킨다는 것이다. 실제로 폐쇄공포증이 있는 사람이 밀폐된 공간에 들어가면 산소 부족을 느끼고, 숨을 못 쉬고, 당장 죽을 것 같다고 한다.

둘째, 뱀의 또 다른 특징은 혀가 갈라져 있다는 것이다. 혀는 굉장히 중요한 의미를 지닌다.

영적 전쟁은 말씀의 전쟁이다. 거짓 선지자는 혀가 갈라져 있다. 거짓 선지자라 함은 요한계시록 21장에 거짓말하는 자, 우상숭배한 자이다.

진리가 아닌 것을 전하면 하나님이 보시기에 다 거짓인 것이다. 진리는 오직 예수 그리스도밖에 없다. 그래서 예수 그리스도를 독생자라고 표현하는 것이다.

그 아들은 하나님의 말씀을 가져온 자이다. 그분은 "나는 듣는 것 외에는 전하지 않는다", "아버지께로부터 들은 것만을 전한다"고 하셨다.

진리가 둘이면 진리가 아니다. 진리는 오직 하나여야 한다. 오직 예수 그리스도만이, 그분의 말씀만이 진리이다. 그래서 그분은 모노게네스(독생자)이다.

혀는 하나여야 한다. 오직 예수 그리스도만을 전하는 혀여야 한다.

오순절날 각 사람의 머리 위에 불의 혀가 임했다. 불의 혀라는 것은, 성령님이 말씀으로 오신 영이라는 것을 뜻한다.

오직 예수 그리스도의 말씀만 진리이다. 다른 것들, 일테면 인간의 사상, 이론, 교리를 섞는다면 이런 것들은 모두 두 가지 말(혀가 둘로 갈라진 것)이다.

기복주의가 무엇인가? 예수님을 도구 삼아서 나의 원함을 이루겠다는 것이다. 말씀을 이용해서 나의 원함을, 나의 소원을 목표로 삼는다는 것이다. 하나님의 뜻이 아니다. 그것 자체가 우상이고, 거짓이다. 하와가 넘어갔다면 주의 종도 넘어간다. 마지막 때에는 택한 자도 미혹하리라고 했다.

셋째, 뱀은 비늘이 없다.

하나님께서 부정한 짐승과 정한 짐승을 나누셨다. 제사에서 하나님이 정한 짐승만 받으신다고 했다. 부정한 짐승은 받지 않으시고 부정한 짐승을 만지는 자는 부정해진다고 했다.

물고기도 부정한 게 있고 정한 게 있어서 부정한 것을 먹으면 안된다. 물고기 중에서 비늘이 없는 것은 부정하다. 뱀, 장어, 미꾸라지... 이런 것들을 소위 정력제로 여긴다. 다시 말해 육의 속성, 육적

욕망, 육의 생명을 강하게 만든다.

우리가 금식을 하는 이유는 육을 죽이기 위해서이다. 나의 육을 죽일수록 영이 살아나기 때문이다. 이런 연유로 육이 강한 사람은 하나님이 금식을 많이 시키신다.

왜 비늘이 있는 것과 없는 것의 차이가 중요한가?

에베소서 6장에 전신갑주를 입으라 했다. 옛날 군인들이 입던 갑옷을 보면 비늘 모양으로 만들어졌다. 이게 물고기 비늘이다.

비늘이 있는 것은, 외부로부터의 공격을 차단시켜준다. 우리는 항상 미혹과 유혹, 마귀 사탄의 불화살을 받는다.

신부의 정체성이 군대라고 한 것은, 영적 전쟁의 준비태세가 항상 갖춰져 있어야 하기 때문이다. 그래서 머리에는 구원의 투구, 의의 흉배, 진리의 허리띠, 복음의 신발, 믿음의 방패, 성령의 검을 가지라고 하는 것이다.

항상 전신갑주를 입지 않으면 사탄의 공격에 노출되기 때문에, 우리는 늘 말씀으로 전신갑주를 입고 있어야 한다.

하나님께서 임의대로 어떤 동물은 부정하다, 어떤 동물은 정하다 하신 게 아니다. 그 안의 속성을 말씀하신다. 그런 특징을 통해서 마귀의 궤계를 알고 영적인 무장을 하라는 것이다. 그래야 우리가 하나님이 보시기에 정하고 거룩한 자가 된다.

내가 진짜 돼지고기 먹고 미꾸라지 먹었다고 부정해진다는 게 아니다. 부정한 자가 된다는 것은, 그러한 속성을 내가 좇을 때, 육을 강화시키는 것들을 추구할 때, 나는 부정한 자가 되는 것이다.

이처럼 사탄의 속성을 잘 알고 영적 무장을 해야 한다.

전신갑주의 5가지는 투구, 흉배, 허리띠, 신발, 방패이다. 모두 방어용이다. 외부의 공격을 막는 용도이다.

사탄 마귀의 공격이 우리의 예상보다 심하다는 것을 말해준다. 사탄의 속성을 잘 알고 미혹의 영에 속아 넘어가지 않도록 잘 방어해야 한다는 것이다.

나머지 하나는 성령의 검이다. 공격용이다.

공격용은 단 하나만 있어도 된다. 그만큼 강력하다. 성령의 검은 말씀이다. 말씀 하나만 있으면 사탄을 무너뜨리는 건 일도 아니다. 그 말씀을 얼마나 강력한 무기로 소유할 수 있느냐가 중요하다.

이스라엘이 가나안에 들어가기 전에 두 번의 도하 사건이 있었다. 홍해와 요단강이다.

이 두 번의 도하에는 어떤 차이가 있는가?

홍해를 건널 때는 애굽에서 빠져나오는 상황이었다. 뒤에서는 애굽 적군이 쫓아오고 있었다. 모세가 지팡이를 들어 올리니 하나님께서 갈라주셨다.

광야를 지나 요단강에 다다랐을 때는 상황이 완전히 달랐다. 쫓아오는 사람도 없었고 모세도 없었다. 여호수아와 이스라엘 백성만 있었다.

홍해는 적군을 피하기 위해서 건너야 하는 상황이었다. 그러나 요단강은 정복하기 위해 건너는 상황이었다. 천국을 바라보면서 천국이 내 것이 되는 상황과 흡사하다.

건너지 않으면 천국은 내 것이 안 된다. 반드시 요단은 건너야 내 것이 된다. 바라보는 것만으로는 이뤄지지 않는다. 내가 가서 취해야 하는 상황이다.

언약궤를 매고 제사장이 발을 내딛었을 때 요단강이 갈라졌다. 언약궤는 말씀을 상징한다. 그러므로 요단을 건너 가나안 땅으로 가기 위해서는 반드시 가져야 되는 것이 언약궤, 말씀이다.

강조하고 강조하고 또 강조해도 부족한 것이 바로 말씀이다. 그것도 그냥 말씀이 아니다. 마지막 때에는 마지막 때의 말씀이 요구된다. 영원한 복음, 어린양의 말씀, 부활하신 예수 그리스도의 부활의 떡과 같은 말씀이다.

똑같은 게 아니다. 구원받을 때엔 어린양을 먹고 피를 바르면서 구원을 받았다. 그러나 요단강을 건널 때는 법궤 안에 있는 말씀이 있어야 한다.

우리가 거룩한 심령, 성전이 되어야 한다. 우리가 법궤가 되어야 한다. 법궤는 지성소에 있다. 내가 지성소까지 들어가서 말씀의 법궤로 만들어져야 하는 것이다. 완전히 거듭난 자이다. 어린양에 관한 말씀과 왜 우리가 그의 나라와 제사장이 되어야 하는지를 알아야 한다.

홍해를 건넌 것만으로는 안 된다. 그들은 하나님께 다 심판을 받아서 죽었다. 그러니 반드시 제사장으로 업그레이드되어 지성소에 들어간 법궤가 되어야 한다. 하나님의 말씀이 내 안에 들어와 말씀이 육신이 되어 요단강에 믿음으로 발을 내딛어야 한다.

그때 사용된 게 믿음이다. "믿습니다"를 숱하게 외쳐도 소용없다. 하나님께서 영계 안에서 다 이루어 놓으신 것을, 내가 믿음으로 취하는 것이 믿음이다.

믿음은 보이지 않는다. 그러나 말씀을 의지하고 내가 말씀의 법궤를 메면 알게 된다. 그 안에 싹 난 지팡이가 있고, 언약 두 돌판, 감춰둔 만나 항아리가 있다. 그러므로 말씀을 받은 자만 그 말씀을 안다.

오늘날 영적 전쟁에서 우리가 가져야 하는 가장 중요한 무기가 이 말씀과 믿음이다. 이것이 없이는 어떤 것도 취할 수가 없다.

생명을 잉태하는 신부는 이 말씀의 씨를 받아야 한다. 우리 자신이 말씀을 담은 법궤가 되어 지성소에 들어가는 것처럼, 신부는 말씀을 품고 그리스도와 연합하여 하나가 되어야 한다. 그때 생명을 낳고 새 예루살렘성에 들어가는 주인공이 된다.

거룩한 신부가 되려면

예수님은 "나는 포도나무다"라고 하셨다.

왜 포도나무일까?

포도의 원어적인 뜻은, '아주 잘게 부수고, 아주 작은 조각으로 만들다'라는 뜻이다. 그렇다면 포도 열매를 맺을 때, 그 포도를 가지고 하나님께서 무얼 하시려는 걸까? 여기에 정말 중요한 비밀이 담겨 있다.

> 그 음행의 진노의 포도주로 말미암아 만국이 무너졌으며 또 땅의 왕들이 그와 더불어 음행하였으며 땅의 상인들도 그 사치의 세력으로 치부하였도다 하더라 _계18:3

생명을 살리는 포도주가 있고, 음행의 포도주가 있다. 진리와 비진리의 대결이다.

어린양 예수 그리스도의 신부를 거룩한 신부라고 한다. 거룩한 신부의 반대는 음녀이다. 빛과 어둠, 그리스도와 적그리스도. 그것처럼 진짜 포도주가 있고, 음행의 포도주가 있는 것이다.

포도주는 예수님의 피다. 예수님의 피는 우리에게 영적 생명을 주는 것이다. 음행의 포도주는 진노의 포도주이며, 심판이다.

하나님의 나라에는 반드시 포도주가 있어야 한다.

> 또 그가 수정 같이 맑은 생명수의 강을 내게 보이니 하나님과 및 어린
> 양의 보좌로부터 나와서 길 가운데로 흐르더라 강 좌우에 생명나무가
> 있어 열두 가지 열매를 맺되 달마다 그 열매를 맺고 그 나무 잎사귀들은
> 만국을 치료하기 위하여 있더라 _계22:1-2

요한복음 2장의 혼인잔치에서 포도주가 떨어졌다. 이스라엘의 잔치에는 반드시 포도주가 있어야 한다. 이는 이스라엘의 전통을 통하여 예수님이 포도주를 비유로 쓰신 것이다. 그 전통은 바로 결혼잔치에는 반드시 포도주가 있어야 한다는 것이었다.

천국잔치에는 반드시 예수님을 먹고 마신 자가 참석할 수 있다.

예수님 자신을 포도나무로 말씀하신 것은, 지금 우리를 영적 생명으로 충만케 하기 위함이다.

"너희가 내 안에 내 말이 너희 안에 거하면 무엇이든지 구하라 내가 이루리라"고 하셨다. 그러니까 그 말씀, "내 말이 영이요 생명이

니라"고 하신 그 말씀이 포도주라는 것이다. 성령으로 조명된 말씀이 포도주인 것이다.

포도라는 열매의 원어의 뜻이 '잘게 부수다'이다.

우리는 반드시 열매를 맺어야 한다. 하나님이 그 열매로 무엇을 만드시려고 하셨는가. 바로 포도주다.

우리는 포도를 먹기 위해서 포도 재배를 하지만, 이스라엘이나 유럽 여러 나라들은 포도주를 만들기 위해서 포도 농사를 한다.

술은 취해서 기분을 좋게 만든다. 술 취하면 사리판단 능력이 없어지고 혀가 꼬부라져서 바른 말이 안 나온다. 감정적으로 흥분이 되고 기분이 좋아진다. 몸을 똑바로 가누지 못한다. 결국 술 취함은 자기의 이성과 판단 의지가 없어지고, 자신을 억제할 기능이 없어지게 만드는 것이다.

포도주는 예수님의 말씀을 의미한다. 생명의 말씀에 취하면 내 생각과 내 판단이 없어지고 성령님의 생각, 주님의 생각이 들어온다. 성령의 새 술에 취하면 혀가 꼬부라지면서 방언이 나오는 것이다.

사도행전 2장에서, "저들이 새 술에 취했다"고 했다. 우리는 새 술, 성령에 취해야 한다. 그리고 오직 성령의 인도함을 받아야 한다.

포도주를 만들기 위해서는 포도 농사를 지어야 한다. 포도나무의 열매를 수확하고, 다음 단계로 포도주를 만든다.

그 포도주를 만들 때, 포도 열매를 따서 발로 밟는다. 진짜 좋은 포도주로 만들려면 대충 몇 번 밟고 끝나는 것이 아니다. 수십 수백 번 짓밟고, 짓이기고, 쥐어짜야 한다.

누구를?

바로 나를.

내가 왜 이렇게 짓밟혀야 되느냐고 할 수도 있겠다. 하지만 그 짓밟힘을 당함으로 극상품 포도주가 만들어진다.

> 내 형제들아 너희가 여러 가지 시험을 당하거든 온전히 기쁘게 여기라
>
> 이는 너희 믿음의 시련이 인내를 만들어 내는 줄 너희가 앎이라 인내를
>
> 온전히 이루라 이는 너희로 온전하고 구비하여 조금도 부족함이 없게
>
> 하려 함이라 _약1:2-4

짓밟힘당하는 것을 오히려 감사할 수 있어야 한다. 하나님의 역사를 내가 믿는 것이기 때문이다.

요셉이 지하 감옥에서 있었던 것은 오래 숙성되고 진짜 포도주로 만드는 하나님의 과정이었다. "말씀이 응하기까지"라는 것은 요셉이 언약의 말씀을 붙든 것이다.

포도 열매를 밟을 때 많이 짓이겨질수록 극상품 포도주가 된다.

그때 그 껍질이 쪼개지면서 거기서 붉은 즙이 나오는데, 그 즙이 피의 색이다.

예수 그리스도의 포도주가 되기 위해서는 아픔과 연단, 시련과 핍박, 고난과 박해로 짓밟혀져야 한다. 그런 과정을 통해 내 자아와 죄의 본성이 온전히 죽는다. 그리고 십자가에서 흘리신 예수 그리스도의 보혈을 수혈받을 때, 깨끗한 피가 돌게 된다.

선한 사마리아인 비유를 생각해보자. 사마리아인이 강도 맞은 사람에게 기름을 붓고 포도주를 준다. 그건 포도주가 마취 효과, 치료 효과, 회복 효과가 있고, 그걸 먹으면 에너지를 얻을 수 있기 때문이다.

우리의 사역에서 많은 열매를 맺으려면, 이 포도주를 나눠줘야 한다. 바로 아들의 십자가 보혈의 복음, 생명의 말씀이다.

내가 그 포도주가 되기 위해서는 오랜 시간 동안 숙성돼야 되고, 묵혀져야 한다.

힘들고 외로울 때, 고난의 시간을 지날 때, 그 때는 하나님과 나만의 데이트 시간이다. 은밀한 사랑의 교제 시간이다. 그분으로부터 계속 공급받아야 채워지고, 물이 변하여 포도주가 되어야 한다.

하나님께서 우리의 삶에 개입해서 지금 신부로 숙성을 시키려고 하신다. 하지만 내가 거부하고, 힘들어서 못살겠다고 불평하고 원망한다면 어찌 되겠는가.

신랑과 나의 사이, 예수님과 나의 관계 안에서 누군가 자꾸 개입
하면 그 관계는 깨지게 된다. 오직 예수 그리스도와 나만이 있는 시
간과 공간 속에서 관계를 맺어가야 한다. 그때 나는 숙성이 돼서 극
상품 포도주로, 아름다운 신부로 만들어지는 것이다.

신부(교회)가 만들어지기 위한
진주의 고통

하나님께서 하와가 범죄 한 후 여자에게 벌을 내리셨다.

> 또 여자에게 이르시되 내가 네게 임신하는 고통을 크게 더하리니 네가
> 수고하고 자식을 낳을 것이며 너는 남편을 원하고 남편은 너를 다스릴
> 것이니라 하시고 _창3:16

여기서 생각해 볼 문장이 있다. 아기를 임신하고 낳아본 여성은 누구나 안다. 생명이 잉태될 때는 언제 임신되었는지 전혀 모른다. 임신 테스트나 병원에 가서 초음파 검사를 해야 비로소 알게 된다. 이렇듯 임신할 때는 전혀 고통을 못 느낀다. 오히려 출산할 때 어마어마한 고통을 경험한다. 그러므로 이것은 우리의 신체에 관한 말씀이 아니라는 것을 깨달아야 한다.

성경은 모두 구원에 관한 말씀이다.

예수님께서 "내 말이 영이요 생명이니라"_요6:63고 하셨다.

그분의 생명의 말씀을 잉태하면 그때부터 잉태한 여인에게 고통이 따른다. 좋아하던 육적인 세상과 결별해야 한다. 여러 가지 고난과 연단을 통해 생명이 자라기 시작한다. 나에게 고통과 아픔을 주는 자들도 다 품고 잉태의 고통을 견뎌야 하는 것이다.

조개에서 나온 진주는 너무나 아름답다. 하얀 진주의 가치는 이루 말할 수 없다. 그러나 조개가 그 진주를 만들기까지는 눈물을 흘리는 고통이 따른다.

부드러운 조갯살에 모래나 이물질이 들어온다. 뱉어낼 수 있으면 좋으련만 뱉어내지를 못하는 이물질이 있다. 조개는 자신의 진액을 뿜어 껄끄러운 것을 감싸 안는다. 품고 감싸 안기가 고통스럽지만 끝내 그 고통과 하나가 되어 아름다운 진주로 승화시킨다.

내가 신부가 되기 위해서는 내 안에 말씀을 품어야 한다.

그 말씀을 품고 말씀과 하나 되기까지는 수많은 고통과 아픔이 뒤따른다. 그러나 조개가 진주를 만들듯이 계속 품어 결국 아름다운 신부로 승화되어야 하는 것이다. 이것이 최고 신부의 모형인 빌라델피아 교회에게 주신 '인내의 말씀'이다.

예전에 남편 목사님이 나에게 '밴댕이 속'이라고 했다. 그만큼 나는 쉽게 상처받고 남을 용서하지 못하는 사람이었다. 나를 찌르는 사람들을 수없이 뺄고 싶었다. 하지만 하나님이 그렇게 하도록 허락하지 않으셨다.

어느 순간 이런 고통과 시련이 끝나는가 싶었다. 그러나 아직 끝이 아니었다. 오직 말씀을 잉태하여 진주조개처럼 품고 또 품어야 했다.

이제는 내 안에 맺힌 것이나 용서 못한 것이 없다. 말씀으로 나의 속사람이 강건해지고 그릇이 커진 것이다.

하나님이 내 마음을 주장하지 않으시고 내 마음을 만지지 않으시면 나는 살 수 없다. 내가 착하고 바르게 살고, 말씀대로 살려고 해도 감싸 안아야 될 일들은 끊이지 않는다.

때로는 하나님이 잔인하게 느껴질 때도 있다. 왜 이 고통과 시련은 끊이지 않을까, 하는 의문이 들곤 한다. 하지만 답은 분명하다. 천국 문을 만들기 위해서이다.

나는 기필코 천국의 문이 될 것이다. 그 천국 문은 진주의 문이다. 예수님이 나는 "양의 문"이며, 이 문을 통해 들어와야 구원을 얻을 것이라고 하셨다.

"견딜 수 없는 아픔과 고난, 나를 찌르고, 나를 아프게 하는 모든 것들을 아버지, 없애주세요. 이 장애물을 없애주세요. 이 불순물을 없애주세요. 이 가시를 없애주세요."

이렇게 사도바울은 기도했다.

그것이 은혜의 가시인지 알면서도, 없애달라고 세 번을 구했다. 고후12:8 세 번은 완전수이다. 진짜 세 번만 구했다는 것이 아니다. 계속해서 끊임없이 구했다는 의미이다. 그럼에도 하나님은 "내 은혜가 네게 족하다"고 하셨다.

사도바울은 텐트를 치며 노동하면서도 선교하고 교회를 세웠다. 맞고, 궁핍하고, 배고프고, 환난과 핍박을 당하고, 옥에 갇히는 일들이 이어졌다. 그것도 부족했을까, 은혜의 가시까지 주셨다.

은혜의 가시는 원어로 '스콜롭스'이다.

로마 시대에는 다른 나라를 침략하여 어마어마한 수의 노예들을 끌고 왔다. 그들이 도망가지 못하도록 1m가 넘는 쇠꼬챙이(스콜롭스)를 옆구리에 푹 찔러 관통하도록 했단다. 그 상태에선 움직이지 못한다. 좌로나 우로나 치우치지 못한다.

배고프고, 매 맞고, 쫓겨 다니고, 성에서 바구니를 달아 내리고, 풍랑을 맞이하고, 감옥에 가야 되는 바울에게 하나님이 스콜롭스로 푹 찌른 것이다. 고후11:23-27 너무 잔인하시지 않은가, 하는 생각이 들 정도이다.

그러나 하나님이 고난과 아픔을 주시는 이유를 이제는 알겠다. 사명이 큰 자들에게 스콜롭스의 길이는 더 길다.

내가 전국 목회자 세미나, 온라인 구국기도방, 300용사 세계 선교회를 하기 시작하면서 대외적으로 갖은 핍박과 음해와 공격을 숱하게 받았다. 그 모든 핍박과 음해와 고난을 견딜 수 있었던 것은 오로지 하나님이 말씀을 주셨기 때문이다.

이러한 고통과 핍박을 견디고 말씀으로 이기면 진주의 문으로 완성이 된다. 이제 그 문으로 들어가면 족하다.

내가 왜 진주 문이 되어야 되는가? 내 안에 예수 그리스도께서 들어오셨으면, 나 또한 그분의 삶을 살아야 되기 때문이다.

예수 그리스도는 하나님의 위치에서, 하나님의 말씀의 씨를 가지고 독생자로 오셨다. 그리고 아픔과 고통과 핍박과 버림받음과 조롱과 멸시와 천대를 당하셨다. 가시 면류관을 쓰고 십자가에 죽으시는 순간까지, 자신을 못 박고 찌른 자들에 대해 하나님께 간구하셨다. 저들이 자신들의 죄를 모르오니 용서하여 달라고 하셨다.

가장 큰 은혜가 무엇인가?

용서이다. 용서는 쉽게 되지 않는다. 그러나 하나님이 은혜를 주시면 가능하다. 내가 용서하려고 하면 무진 애를 써도 소용없다. 오직 진리 말씀의 씨가 내 안에 심겨질 때 비로소 이뤄진다.

예수님은 그 진주 같은 십자가의 삶에서 마지막까지 품고 용서하셨다. 그러면 그분의 씨, 그분의 진리(생명)가 들어왔다는 것은 "이제는 내가 사는 것이 아니요, 내 안에 있는 예수 그리스도가 사시는 것"이다.

말씀 따로, 나의 인생 따로?

불가능하다. 말씀이 삶에 그대로 적용되면서 그 말씀대로 이뤄지는 것이다. 그럴 때마다 열매가 맺힌다. 그리하여 나는 진주 문이 되어져 간다.

신부들이 이런 시련과 고난을 견뎌야 하는 이유는 선명하다. 원수들의 공격을 이기고 더 강해져 수많은 생명들을 낳아야 하기 때문이다.

일어나 빛을 발하라

일어나라 빛을 발하라 이는 네 빛이 이르렀고 여호와의 영광이 네 위에 임하였음이니라 보라 어둠이 땅을 덮을 것이며 캄캄함이 만민을 가리려니와 오직 여호와께서 네 위에 임하실 것이며 그의 영광이 네 위에 나타나리니 나라들은 네 빛으로, 왕들은 비치는 네 광명으로 나아오리라 _ 사60:1-3

하나님이 일으켜 주신다고 했는가? 혹은 나에게 일어나라고 하셨는가?

하나님이 하시는 부분이 있고, 내가 해야 되는 부분이 있다. 누구에게나 기회가 온다. 누구에게나 사건과 문제가 있다. 그것을 해결하는 분은 하나님이시다. 그러나 그 자리에서 당장 일어나는 것은 나의 몫이다. 문제와 사건에 빠져서 좌절해 있지 말고 일어나 하나님을 의지해야 한다.

라오디게아 교회에게 말씀하셨다.

볼지어다 내가 문 밖에 서서 두드리노니 누구든지 내 음성을 듣고 문을
열면 내가 그에게로 들어가 그와 더불어 먹고 그는 나와 더불어 먹으리
라 _계3:20

완전한 연합이다. 예수 그리스도 신랑과 신부의 연합은 부부가 한
몸을 이루는 것이다. 그러나 문을 여는 것은 내가 해야 된다. 일어나
는 것은 내가 감당할 몫이다. 그러므로 죽을 힘을 다해 일어나 문을
열 때, 예수님과 연합될 수 있다.

일어남에 대한 비밀이 있다. 사라가 죽었을 때, 그 죽음 앞에서 아
브라함이 일어났다. 그리고 막벨라 굴을 샀다. _창23:1-19 다윗이 밧
세바와 간음한 후 낳은 첫 번째 아기가 죽었다. 그때 금식하며 살려
달라고 했지만 죽었다. 다윗은 곧 자리에서 일어났다.

성전 미문에 앉은뱅이가 앉아 있었다. 베드로와 요한이 매일 그
곳을 지나갔다. 어느 날 그 앉은뱅이를 '주목하여' 바라보더니 선포
했다.

베드로가 요한과 더불어 주목하여 이르되 우리를 보라 하니 그가 그들
에게서 무엇을 얻을까 하여 바라보거늘 베드로가 이르되 은과 금은 내
게 없거니와 내게 있는 이것을 네게 주노니 나사렛 예수 그리스도의 이

여기서 놓치지 말아야 할 부분이 '주목하여'이다. 주목한다는 것은 눈과 눈이 마주치는 것이다.

노아라는 이름에 안식이라는 뜻과 함께 하나님의 눈동자라는 뜻이 있다. 이스라엘은 하나님의 눈동자다. 노아는 당시 의인이라고 했다. 그는 하나님과 말씀으로 동행했다. 눈과 눈을 마주치며 하나님의 얼굴을 구하는 자였다.

동행은 하나님께 주목하는 것이다. 노아는 하나님의 눈을 주목하고 그분 마음 깊은 곳에 심령의 원하시는 하나님의 뜻을 잘 알고 있었다. 그러기에 의인의 삶을 살았던 것이다.

필자가 축귀 사역을 할 때, 귀신들린 사람에게는 특징이 있다. 절대 눈을 마주치지 못한다. 눈 맞춤의 거룩한 의미를 귀신조차 알고 있기 때문이다. 그리스도의 신부들은 예수 그리스도의 눈을 주목하여 바라보아야 된다.

눈은 히브리어로 '아인'이다. 눈은 영혼의 창, 마음의 창이라고 한다. 눈과 눈이 딱 마주칠 때, 역사가 일어난다. 예수 그리스도의 눈, 하나님의 눈과 우리 영혼의 눈이 딱 마주칠 때, 모든 역경과 고난에서 일어날 수 있다. 베드로가 예수님을 3번 부인한 후에 제사장 집 뜰에서 주님과 눈이 마주쳤다. 그리고 나가서 통회하며 자복했다. 하나님이 우리를 계속 주목하고 계신다. 나의 신음에도 응답하시는 하나님이시므로 당연하다.

영성의 비결은 집중이다. 집중은 주만 바라보는 것이다. 즉 말씀의 깊은 의미, 하나님의 진의를 잘 깨닫고 그 진리와 동행하는 것이다. 그때 불행을 딛고 씩씩하게 일어날 수 있다.

화성 연쇄살인범이 요즘 다시 이슈가 되고 있다. 1년에 1.5명씩 죽였다고 한다. 그가 왜 괴물이 되었을까. 정신과 전문의 말에 의하면 범죄자들 대부분이 어릴 때 부모로부터 학대받고, 버림받고, 소외당한 채 자랐다고 한다. 마음에 절망과 아픔, 거절감, 분노가 치유되지 않은 상태로 성인이 된 셈이다. 그 분노가 타인을 향해, 세상을 향해 표출되는 것이다. 부모가 아이의 눈을 보며 아이에게 주목하지 않으니, 아이는 사랑을 모른 채 적개심만 가득하게 된다.

누구나 사랑이 필요하다. 어릴 때부터 사랑을 듬뿍 받으면 남에게 사랑을 줄 수 있는 존재가 된다. 그러나 사랑을 받아본 기억도 없고, 사랑을 받아본 느낌도 없으면 사랑을 줄 수가 없다.

물론 불행하게 자란 아이가 모두 범죄자가 되는 것은 아니다. 불행한 어린 시절을 보내고도 훌륭하게 성장한 사람들이 많다. 똑같은 환경에서도 누구는 범죄자가 되고, 누구는 일어나 빛을 발한다. 그러니 부모 탓해야 되겠는가? 조상 탓을 해야 되겠는가?

그렇지 않다. 우리에게는 유일하게 자신을 모두 희생하여 사랑을 주신 분이 계시다. 우리도 그렇게 되기를 원한다. 그러려면 먼저 그분이 우리 안에 들어오셔야 된다.

하나님이 일곱 교회에게 이기라고 하셨다. 이기려면 어떻게 해야 되는가?

"귀 있는 자는 성령이 교회들에게 하시는 음성을 들을지어다. 일어나 빛을 발하라."

이렇게 말씀하신다. 또 말씀으로 우리를 일깨워 주신다.

"너는 내 앞에서 일어나야 된다. 지금 내가 네 안에 들어가려고 하니까, 네가 문을 열어야 된다."

모든 것을 이기려면, 누구 탓을 할 일이 아니다. 내가 일어나야 한다. 어려움과 고난과 아픔과 절망 속에서, 죽음 앞에서 내가 일어나야 한다. 그때 여호와의 영광이 내게 임한다. 그리고 성문이 열리는 것이다.

돌아보면, 나는 다른 사람과 달리 더 많이 이겨야 했다. 두려움과 대인 기피증에 사로잡힌 소심하기 짝이 없는 나 자신을 이겨야 했다. 또 나를 훼방하고 공격하는 것과 싸워 이겨야 했다.

어찌 이겨냈을까. 오로지 말씀에 순종하고 순복하였기에 가능했다. 그리고 이길 때마다 하나님이 나를 더 높이 업그레이드시켜 주셨다.

지식의 말씀이 아닌
지혜와 계시의 영이 임하는 말씀

출애굽 1세대는 광야에서 다 죽었다. 그 1세대 중에서 여호수아와 갈렙만이 가나안 땅에 들어갔다. 그들은 성령을 통하여 예수 그리스도를 깨달은 자들인 것이다.

여호수아는 조슈아(Joshua), 혹은 예슈아로 '그가 구원이시다'라는 뜻이다. 따라서 여호수아는 예수 그리스도의 예표이다. 사실 모세도 예수 그리스도의 예표다. 모형이자 예표로 하나님이 이스라엘 백성들에게 미리 보여주셨다.

모형과 예표를 통해 예수 그리스도를 깨달아야 마땅한데 이스라엘 백성은 그러지 못했다.

만나의 뜻은, '이것이 무엇이냐?'(What is this?)이다. 이스라엘 백성은 단지 육적 소욕으로 나의 배고픔을 해결하기 위해 만나를 먹었다. 그 중심에 계신 생명의 떡이신, 나를 구원해주시는 분을 발

견하지 못했다. 그분이 하나님이신 것을 깨닫지 못한 것이다.

여호와는 '그를 보라, 그 손을 보라, 그 못 자국을 보라'는 뜻이다. 누구를 보라는 말씀인가? 곧 예수 그리스도이시다. 그러므로 예수 그리스도께서 구약에 '여호와 하나님'으로 나타나신 것이다. 공생애 기간에는 '예수'로, 승천하시고 성령님이 오셨을 때는 '그리스도 예수'로, 요한계시록에서는 '어린양'이다. 성경 전체는 모두 예수 그리스도의 이야기이다.

여호수아는 예수 그리스도였다.

갈렙은 또 누구인가? 여호수아 14장과 민수기 14장에 보면 갈렙은 "온전히 여호와 하나님을 좇았다"고 기록되어 있다. '온전히'라는 것은 '스티커'를 말한다. 우리가 예수 그리스도와 스티커처럼 붙어서 한 영이 되어야 하는 것이다.

말씀이 육신이 되어 우리 가운데 거하시매 우리가 그의 영광을 보니 아버지의 독생자의 영광이요 은혜와 진리가 충만하더라 _요1:14

이는 무엇을 의미하는가? 말씀이 내 안에 들어와서 거하는 것이다. 말씀과 내가 연합하여 스티커처럼 붙어서 떼려야 뗄 수 없는 한 몸이 되었다는 뜻이다.

이 사실을 이스라엘 백성들은 몰랐다. 그러나 갈렙은 달랐다. 말씀의 하나님을 만난 것이다. 그래서 연합이 되어 온전히 좇았던 것이다.

아브라함과 롯은 함께 집을 떠났다. 그러나 두 사람의 인생은 엄청나게 달랐다. 그 차이는 그들이 누구를 좇느냐에 달렸다. 하나님께서 말씀하셨을 때 아브라함은 그 말씀을 좇아갔다. 그러나 롯은 아브라함을 좇아갔다.

우리는 말씀을 좇아가야 한다. 진리와 연합해야 한다. 다른 것은 진리가 아니다. 오직 어린양 예수 그리스도 아들의 복음만 진리이다.

모든 말씀은 그분을 풀어주고, 그분을 드러내고, 그분을 나타내는 말씀이어야 한다. 인간의 사설이나 인간의 뜻이 끼어든 것은 말씀이 아니다.

갈렙은 '충성된 개'라는 뜻이다. 충성된 개는 주인밖에 모른다. 주인에게 목숨을 건다.

갈렙과 여호수아만이 가나안에 들어갔다. 율법을 지켜서 율법을 통하여 들어간 것이 아니다. 예수 그리스도를 만났기에 가능했다.

하나님의 뜻은 우리에게 영생을 주시는 것이다. 마지막 날에 다시 살리는 것이다.

이스라엘 백성들이 예수님을 쫓아온 것은 달랐다. 이 땅에서 육적 배부름을 채우기 위함이었다. 예수님을 정치적, 현실적인 메시아인 줄 알고 따라왔다.

예수님은 이 땅의 것을 이야기하신 적이 한 번도 없다. 말씀하신 비유도 다 천국에 관한 것이었다.

"죽은 다음에 주는 거라면 영생은 비현실적이 얘기고, 뜬구름 잡는 소리잖습니까? 당장 내 눈에 보이고, 내 현실의 문제를 해결해줘야 메시아지. 솔직히 죽은 다음에는 우리가 알게 뭐야? 그걸 어떻게 믿어?"

이렇게 말하는 사람이 제법 많다. 무지의 결과이겠지만 한편 이해는 된다.

사실 믿음은 굉장한 모험이다. 죽도록 충성하고, 하고 싶은 거 못하고, 조롱과 핍박과 멸시와 천대 속에서 믿음을 지켰는데 가짜라면 어쩔 것인가. 이 얼마나 황당하고 억울한 노릇인가.

그러므로 믿음은 내가 믿는 것 같지만 실상은 하나님이 주시는 것이다. 믿음은 은사이다. 하나님이 주시지 않으면 절대로 믿어지지 않는다.

예수님은 이런 뜬구름 잡는, 비현실적인 말씀만 하셨다. 믿음이 없이는 믿을 수 없는 얘기만 하셨다. 그 나라 이야기를 하시고, 영생만을 이야기하시고, 마지막에 다시 살리겠다는 이야기를 하셨다. 그러나 그것은 그날에 모두에게 주는 게 아니다. 이 땅에서 믿음이 완성된 자에게만 주시는 것이다.

제자 중 여럿이 듣고 말하되 이 말씀은 어렵도다 누가 들을 수 있느냐 한대 _요6:60

제자들도 예수님의 말씀을 알아듣지 못했다. 육으로 들으니까 전혀 영의 말씀으로 안 들리는 것이다.

영의 말씀이 무엇인가? 영생을 얻고, 영계에서 받아 누릴 영원한 축복을 주는 말씀이다. 이 세상의 논리와 고정관념에 매여 있는 사람, 보이는 것에 사로잡혀 사는 사람, 세상의 지식과 학습에 속해 있고 거기에 물든 사람들은 알 수 없다.

세상의 것들을 깨뜨리지 않고서는 절대로 영의 말씀을 볼 수도, 알 수도, 깨달을 수도 없다. 당연히 그 은혜를 맛볼 수도 없다.

결국 사람들이 다 예수님을 떠났다. 제자들도 떠났다. 말씀이 어려워서? 말씀이 어렵다는 것은 이해를 못한다는 측면도 있지만, 말씀이 육신이 되는 단계가 어려웠기 때문이다.

말씀이 들어오고 진리가 들어오면 육과 부딪힌다. 그러나 제자들과 사람들은 영보다 육을 좇아 떠난 것이다.

바울과 실라가 점치는 귀신을 소녀에게서 떠나게 한 대가로 옥에 갇히게 되었다. 하나님께서 함께하신다면 그런 좋은 일을 했을 때 더 크게 쓰임 받아야 하는데, 오히려 옥에 갇혔다.

현실의 세계에서는 하나님이 외면한 것처럼 보인다. 그러나 묵시와 영의 세계에서는 한 영혼을 준비하고 계셨던 것이다. 그들이 찬양하고 기도할 때 옥문이 저절로 열리고 사람들이 뛰쳐나가니, 감옥을 지키던 간수가 자살하려고 했다. 그때 바울과 실라가 말렸고, 간수가 예수를 믿는 역사가 일어났다.

바울과 실라의 현실은 너무나 억울하고 참담했다. 복음을 전하지도 못하게 발목에 쇠사슬이 차인 상태이다. 하지만 바울과 실라는 찬송을 했다. 더러운 진흙과, 엄청 큰 쇠사슬, 밑에서는 계속 물이 차오르는 상황 속에서도 하나님을 잊지 않았다. 영의 단계에 있었기에 가능했다. 현실을 초월해서 하늘에 속한 자로 있었던 것이다. 그렇지 않으면 도무지 설명할 수 없는 행동이다.

그렇다. 우리에게 이 세상을 이길 수 있는 힘은 없다. 우리는 세상에서 어려움과 고난과 환란을 당한다. 우리를 지켜주시는 그 보혜사를 받지 않으면 안심할 수 없다.

보혜사란 '지킬 보, 은혜 혜, 스승 사'이다. 우리를 지키시고, 은혜 주시고, 우리를 가르치신다는 말이다. 뭘 지키는가? 비 진리로부터 지킨다. 진리가 아닌, 말씀의 세계가 아닌 영적인 무지의 세계로부터 우리를 지킨다.

율법으로서는 구원받을 수가 없다. 지금도 율법을 지키는 것이 전제가 된다면, 그것은 복음과 다른 것이다.

아들의 복음이 전제가 되어야 한다. 아들의 복음이 들어와서 우리 안에 거하면 율법은 자동적으로 따라온다. 결국 관계가 먼저다. 행위를 앞세우는 것이 아니다.

무엇으로 지키실까? 말씀으로 지키신다.

우리는 말씀으로 구원을 받고, 말씀이 심판하기 때문에, 진리의 말씀으로만 지키시는 것이다.

요한계시록 12장에 "어린양의 피와 그를 증거 하는 말로 이긴다"고 했다. 다른 게 아니다. 피는 생명이다. 어린양의 말씀이다.

그러나 아무리 외쳐도 실질적으로 깨닫는 사람이 없었다. 모두 말씀이 어려워서 떠났다. 영의 말씀으로 받지 못했기 때문이었다. 요한복음 6장에서 예수님은 영의 말씀을 하시는데, 사람들은 모두 육의 것에만 관심이 있었다.

영의 말씀은 우리에게 영생을 주는 말씀이다.

우리에게 영생을 주시는 것이 하나님 아버지와 예수 그리스도의 뜻이다. 영생은 이 나라에서 주는 게 아니고 저 세상에서 주는 것이다. 이 땅에 속한 것은 육이다. 그러나 영생은 죽어서 가는 세상에서 준다. 손에 잡히지도 않고, 보이지도 않는다.

영생은 이 땅에서 내가 말씀으로 채워진 성전으로 건축되어야 얻는 것이다. 그것이 아버지의 뜻이다.

구원과 심판을 알아야

예수님이 아들로 이 땅에 오신 목적과 그가 수행하는 일에 대해서, 정확하게 깨달아야 한다. 복음은 한쪽으로 치우쳐선 안 된다. 짝이 맞아야 한다.

하나님이 아들을 이 땅에 보내신 이유는 구원과 심판이다. 동전의 앞면과 뒷면이다. 그러니 구원과 심판은 분리가 안 된다.

아내와 남편은 분리가 안 되는 한 몸이다. 신부인 우리도 신랑이신 예수님 안에 들어가면 분리가 되지 않는다.

구원, 축복, 은혜, 위로, 인간 중심, 땅 중심, 현실 중심적인 복음만 가르치는 목사님들이 있다. 이것은 한쪽 복음이다.

예수님은 '은혜와 진리'의 하나님이다. 두 기둥이다.

그분이 십자가에서 죽으심으로 우리를 구원하셨다. 구원받을 자격이 없는 우리의 존재임에도 값없이 구원받은 자체가 은혜이다.

우리 안에 은혜와 진리가 짝을 이뤄 충만해야 한다. 은혜만 갖고 있으면 반쪽 복음인 것이다. 반드시 진리의 하나님을 같이 만나야 한다.

하나님은 공의의 하나님이시다.

공의라는 것은, 정확한 근거와 증거를 가지고 죄인을 고소했을 때 사용되는 용어다. 법문을 가지고 거기에 맞는 죄를 정하고 판결을 내린다.

그렇다면 진리는 무엇인가? 바로 심판의 기준이다.

법조문이 없다면 법관이 자기 마음대로 심판한다. "너는 못나게 생겼으니까 그냥 심판이고, 너는 예쁘게 생겼으니, 예쁜 건 다 용서가 된다." 이런 식의 자의적 판단이 될 수 있다.

그러나 하나님은 공의의 하나님이시다. 정확한 잣대로 심판하시기 위하여 말씀을 주신 것이다. 곧 말씀은 심판의 기준이다.

그러므로 말씀의 떡을 먹으면 그것을 먹고 영원히 산다. 기준 통과인 셈이다. 하지만 그 말씀을 못 먹으면 심판이다. 영이 죽고 생명이 죽으니 그는 영원한 불지옥에 갈 수밖에 없다.

하나님이 아들을 보내신 이유는 마귀의 일을 멸하기 위함이다.

초림 예수님과 재림 예수님이 있다. 초림 예수님은 구원, 은혜를 주시기 위해 오셨다. 그때 사탄을 멸하긴 하셨지만 사실상 영적으로 멸할 수 있는 자격과 권위를 가진 것이다. 진짜로 멸하는 사건은 재림 때 일어난다.

재림 때는 심판주로 오신다. 지금은 마지막 때이므로 이제부터는 심판에 관한 복음을 전해야 한다.

심판은 진리로 행하는 것이다. 진리는 변하지 않는다. 하나님은 법관, 심판관이시다. 그 보좌 앞에는 책들이 놓여 있다. 그 생명책에 기록되지 않은 자는 심판을 면하지 못한다. 마지막 때 하나님은 책들에 기록된 모든 행위대로 심판하실 것이다. _계20

하나님의 천지창조 이전에 영들이 있었는데 그들이 천사들이다. 천사들에게서 반란 사건이 일어났다. 천사의 삼분의 일이 떨어져 나갔다. 이사야서 14장, 에스겔서 28장, 창세기 3장, 또 요한계시록에 사탄이 나오는데, 그 사탄은 원래 루시엘이다.

루시엘은 원래 하나님께 속한 종이었다. 하나님은 왕이시고 가장 높은 분이시기 때문에 종들과 수직 관계일 수밖에 없었다. 가장 높은 곳엔 하나님, 그리고 그 밑에는 다 천사들이었다.

그런 점에서 본다면 우리는 엄청난 존재이다. 수직 관계에서 수평 관계로 바뀐 것이다. 그분과 내가 하나가 됐기 때문이다.

천사가 하나님과 하나 됐다는 말씀은 어디에도 없다. 천사는 우리보다 먼저 창조된 존재들임에도, 하나님께서는 우리의 수종을 드는 자로 우리 인간 밑에 두셨다. _히:14 이 얼마나 엄청난 일인가.

예를 들어 내가 어떤 조직에 들어갔다. 원래 있던 기득권 세력들이 신입에게 텃세를 부린다. 비슷한 원리로 생각해 볼 수 있다.

하나님이 천사를 먼저, 그다음에 인간을 만들었다. 그런데 천사의 눈에는 인간들이 너무나 사랑을 받는 것이다. 조직의 경우처럼 천사 중 어느 부류는 텃세라도 부리고 싶지 않았겠는가.

주종 관계로 하나님 밑에 있던 천사들이 반란을 일으킨 이유는 무엇일까?

하와에게 하나님과 같이 될 수 있다는 유혹으로 선악과를 먹인 사건을 보라. 원래 루시엘은 온몸에 보석과 악기로 장식을 하고 있었다. _겔28:13 이것은 하나님을 찬양하기 위한 목적이다.

모든 찬양과 경배는 하나님이 다 받으셔야 한다. 그런데 최고 천사장이었던 루시엘이 착각한 것이다. 자기가 찬양을 다 받는 것으로 착각한 것이다. 그래서 반역을 하고 왕권을 노린 것이다.

사실 인간이 선악과를 따 먹은 것도 이미 하나님의 시나리오에 예정되어 있었다. 아담과 하와는 반드시 선악과를 따 먹었어야 했다.

그때 하나님이 옛 뱀을 썼다. 그 옛 뱀은 사탄 마귀였다. 사탄 마귀를 쓰신 이유는, 하나님을 반역했으니 그에 대한 보응과 심판을 받아야 했다. 그러려면 범죄한 증거와 증인이 필요했다. 모든 것이 완벽하게 맞아떨어져야 했다.

아브라함과 하나님이 언약할 때를 예로 들어보자.

가나안 땅에 가나안 족속이 있었다. 가나안 땅을 미리 주실 수도 있었다. 하나님이 그리하지 않으셨다. 왜 그러셨을까? 가나안 족속의 죄악이 찰 때까지 기다리신 것이다. 이것이 하나님의 공의이다.

공의의 하나님은 하나님 감정대로, 마음대로 행하시지 않는다. 반드시 법률, 법 조항의 기준에 따라서 심판하신다. 때문에 그 법 조항의 기준에 조금이라도 모자라면 구속하지 않으신다. 그게 정의다. 그러므로 진리, 하나님의 공의는 반드시 거기에 딱 맞았을 때 심판이 있는 것이다.

요한계시록에 보면, 용을 결박해서 천년 동안 무저갱에 가둔다. 곧 법을 집행한 것이다. 천년이라는 기간을 하나님이 법의 기준에 따라 정하신 것이다.

하나님은 우리를 동역자라고 말씀하신다. 그리고 우리를 아내로 삼았다. '아내'라는 것은 하나라는 뜻이다. 그러니 우리에게 주신 권한과 권위는 엄청나다. 우리가 천사를 대단한 존재로 생각하지만, 실상은 천사를 부릴 수 있는 영적 권위를 하나님께서 우리에게 주신 것이다.

모든 천사들은 섬기는 영으로서 구원 받을 상속자들을 위하여 섬기라고 보내심이 아니냐 _히1:14

214

또한 하나님의 보좌에 함께 앉은 재판관 성도가 있다. 우리를 그 법관의 자리에 앉히신다는 의미이다.

이게 얼마나 놀라운 말씀인가. 우리의 존재는 단순히 은혜를 받고, 위로받고, 구원받는 게 끝이 아니다. 하나님의 뜻은 우리를 재판관 성도로 만드시겠다는 것이다.

> 또 내가 보좌들을 보니 거기에 앉은 자들이 있어 심판하는 권세를 받았더라 또 내가 보니 예수를 증언함과 하나님의 말씀 때문에 목 베임을 당한 자들의 영혼들과 또 짐승과 그의 우상에게 경배하지 아니하고 그들의 이마와 손에 그의 표를 받지 아니한 자들이 살아서 그리스도와 더불어 천 년 동안 왕 노릇 하니 _계20:4

하늘에서 벌어진 그 반란을 하나님은 반드시 심판하셔야 한다. 그냥 하시는 게 아니라 하나의 멋진 드라마를 만드신다. 드라마 속 심판관으로 우리를 부르신다.

아, 하나님은 얼마나 멋지고, 모략과 지략이 뛰어나신 분인가. 이 모든 것은 세상 끝날에 드러나 알게 될 것이다. 지혜와 계시의 영이 없이는 절대 알 수 없도록 봉인해 놓으셨다.

소돔성과 가나안, 노아의 홍수 심판을 떠올려보자. 하나님은 그냥 심판하고 멸하지 않으셨다. 죄가 가득 찰 때까지 기다리셨다. 지금도 하나님께선 죄가 관영하고, 머리 위까지 완전히 차도록 기다리시는 것이다.

하나님은 오래 참으시고 더디 노하시고 긍휼이 많으시고 인애와 자비가 크시다. 죄가 관영할 때까지, 다 찰 때까지 심판을 안 하고 기다리고 계신다.

지금은 죄가 거의 다 찬 시기이다. 그러므로 은혜에만 빠져 있으면 안 된다. 은혜를 많이 받았으면, 그만큼 진리의 말씀을 깨달아야 한다. 우리를 법관으로 쓰실 때 진리의 기준이 있어야 사탄을 심판할 수 있다.

예수 그리스도께서 스스로를 일컬어 "내가 길이요 진리요 생명이니라"고 하셨다. 예수님만이 진리이다. 하나님이 예수님을 통해 모든 것을 맡기셨다.

진리를 알지니 진리가 너희를 자유롭게 하리라 _요8:32

진리를 알면, 그 진리가 원래 포로된 자인 나를 자유케 한다. 예수님이 이 땅에 오셨을 때, "포로된 자, 옥에 갇힌 자, 눌린 자를 자유케 하기 위하여 나에게 기름 부으셨다"고 하셨다.

그러므로 진리가 내 안에 들어올 때, 그동안 갇히고 포로되고 눌렸던 모든 영적 상태에서 나를 먼저 자유케 해주는 것이다. 자유케 될 때, 내 안에 있는 죄 된 것, 악한 것을 하나님이 진리로 먼저 심판하시는 것이다. 나의 모난 부분들을 다 잘라내고, 그래서 온전한 영적 생명만이 남도록 내가 먼저 심판을 받아야 하는 것이다.

진리는 다른 말로 빛이다. 요한복음에 보면 참 빛이 왔다고 했다. 복음의 말씀을 들으면 내 안의 어둠이 떠나간다. 말씀이 빛이니까. 그리고 진리를 받아버리면 내 안의 비 진리가 심판을 받고 나간다. 내 안의 비 진리가 심판을 받고 소멸된다.

결박했다는 것은, 힘을 못 쓴다는 것이다. 할 수 있는 모든 능력을 잃은 완전히 무력화된 상태이다. 따라서 자기가 하고자 하는 일을 할 수 없다. 영향력을 줄 수 없는 완전히 무능한 존재로 만든 것이 결박이다.

"그의 영광을 보니 은혜와 진리가 충만하다"고 했다. 그렇다. 은혜는 나를 살린다. 진리는 내 안에 있는 어둠과 비 진리와 악한 모든 것을 잘라내고 소멸시키고 무력화시킨다. 내 안의 죄성이 사라져 더 이상 드러나지 못한다.

우리가 은혜 받은 감격만으로 만족한다면 어찌될까. 반쪽 신앙, 반쪽 복음, 반쪽 구원인 셈이다.

궁극적인 것은 사명이다. 사명에 민감해야 한다. 왜냐하면 은혜 받은 자를 하나님이 이제 동역자로 만드시고 예수님과 한 몸으로 만드시어 사용하시기 때문이다.

하나님이 우리에게 의의 옳은 행실의 세마포를 입히신다. 성령의 검, 말씀의 검을 갖게 하신다. 사탄을 멸하는 권위와 권능을 우리에게 위임해 주신다.

Chapter 4

사라의 비밀을 알면
하늘의 권세가 임한다

천국문을 여는 다윗의 열쇠
'사라의 연고로'

창세기 17장에서, 하나님이 아브람의 99세 때에 나타나셔서 언약을 맺으셨다.

아브람을 아브라함으로 칭하며 열국의 아버지가 될 것을 약속하셨다. 사래를 사라로 바꿔주시며 일개 공주에서 열국의 어미가 될 것이라고 선포하셨다. 또한 약속의 아들을 잉태케 해 민족의 여러 왕이 그에게서 날 것임을 약속하셨다.

이 이야기 속에는 엄청난 비밀이 담겨 있다. 하나님의 구속사가 그 속에 담겨 있는 것이다.

90세가 된 여성에게, 이미 더럽혀지고 오염되고 쓸모없이 늙어버린 여성의 자궁 속에 하나님이 생명의 씨를 넣어주시겠다고 했다. 하나님의 씨를 받아 생명을 잉태하는 자궁으로 바꿔주시겠다는 것이다.

이것은 말씀으로 예수 그리스도의 씨를 받아 새롭게 된 영적 자궁이 되면 그리스도와 한 몸이 되어 생명을 잉태할 수 있게 된다는 의미이다.

결국 약속의 아들 이삭이 태어났다. 사라는 하나님이 새롭게 하신 자궁을 통해 씨를 받고 생명을 창조해낸 여성의 상징이다.

12장과 20장에는 아브라함이 사라를 누이로 속이는 일이 두 번 반복해서 기록되어 있다. 12장에서 아브라함은 기근을 피해 애굽에 내려간다. 바로 왕이 심히 아리따운 사라를 궁으로 데려가지만 하나님께서 사라로 인해 바로의 집에 큰 재앙을 내리신다.

20장에서는 더 세밀하게 기록되어 있다. 네게브땅 그랄 왕 아비멜렉이 누이라고 소개한 사라를 데려간다. 하나님께서 아비멜렉의 꿈에 나타나 사라를 범하면 죽을 것이라고 경고한다. 그리고는 이렇게 말씀하신다.

> 이제 그 사람의 아내를 돌려보내라 그는 선지자라 그가 너를 위하여 기도하리니 네가 살려니와 네가 돌려보내지 아니하면 너와 네게 속한 자가 다 반드시 죽을 줄 알지니라 _창20:7

아비멜렉은 사라를 은 천 개와 함께 돌려보낸다. 아브라함이 기도함으로 아비멜렉과 그의 아내와 여종을 치료하여 출산하게 하셨다.

여호와께서 이왕에 아브라함의 아내 사라의 일로 아비멜렉의 집의 모든 태를 닫으셨음이더라 _창20:18

사라의 연고로, 하나님이 아비멜렉의 아내와 여종들까지도 태의 문을 닫으셨던 것이다.

도대체 '사라의 연고로'란 무슨 의미인가?

'연고로'에는 하나님이 이것을 통하여 무엇을 하시겠다는 의지적인 표현이 담겨 있다. 우리나라 표기는 '연고로'라고 되어 있지만, 참뜻은 열쇠, key라는 의미이다. 그것도 일반 열쇠가 아닌 마스터키(Master Key)인 것이다. 마스터키는 무엇인가. 하나의 열쇠로 모든 문을 열 수 있는 것이다.

사라는 바로 왕과 아비멜렉의 집에 저주와 심판을 내리게 하는 도구로 쓰임 받았다. 바로와 아비멜렉은 미국의 트럼프, 중국의 시진핑, 러시아의 푸틴 대통령과 같은 큰 왕국을 대표하는 왕들이다. 최고의 권세와 능력을 가진 왕들을 대표하는 셈이다.

당시 사라는 65세 할머니로 일개 이름 없는 부녀자였다.

바로 이것이 '사라의 연고로'에 담긴 엄청난 비밀이다. 사라의 축복은 이 말씀을 통해 받게 된다.

하나님의 말씀을 잉태하고 말씀의 씨를 받으면, 하나님의 영광이

드러나고, 아들의 영을 주신다는 것이다.

사라 때문에 바로와 아비멜렉의 집에 재앙이 내렸다. 사라를 통해 하나님은 아브라함이 거부가 되게 하셨고, 모든 소유를 다 돌려받게 하셨다. 이처럼 사라의 권세는 일개 부녀자가 지닐 수 없는 어마어마한 것이었다.

사라는 아기를 낳지 못했다. 당시 시류에 견준다면 수모를 당하고 치욕을 감수해야 할 처지였다. 그러나 17장 이후 사래가 변하여 사라가 되었다. 열국의 어미가 되었다. 잉태와 해산을 통하여 생명을 낳는 자가 된 것이었다.

하나님이 사라를 열국의 어미로 만드셨다. 모든 영계의 문을 여는 권세를 주셨다. 그 권세는 하나님께서 마지막 때 왕들을 심판하시는 권세이다.

> 주께서 말씀을 주시니 소식을 공포하는 여자들은 큰 무리라 여러 군대의 왕들이 도망하고 도망하니 집에 있던 여자들도 탈취물을 나누도다
>
> _시68:11-12

지금 우리나라는 재앙이 임했다. 저출산 국가이며, 기독교인이 반 이상 줄고, 또한 이단에게 넘어가고 있다. 사라의 영성을 갖춰야 할

때이다.

사라의 영성은 무엇인가?

사래가 사라로 변화되는 것이다. 옛 사람이 죽고 새사람으로 거듭나면 하나님의 사역이 새로워지고 인생 자체가 달라진다. 사라의 연고로 치유하신다. 아비멜렉 가문의 모든 태를 닫아버리신 것처럼 사라를 대적하는 세력을 멸하신다.

"열면 닫을 자가 없는 자가 가라사대"라는 말씀처럼 사라의 권세는 바로 '다윗의 열쇠'이다. 사라의 권세는 열고 닫는 권세이다. 하나님이 우리에게 가장 원하시는 것은 생명의 태를 여는 것이다.

사라가 어떻게 문을 닫고 여는가를 찾아야 한다. 그 비결은, 성경을 기록하신 하나님의 의도를 정확히 깨닫는 것이다. 그때 소통이 일어나고, 그분의 뜻을 알게 된다. 자녀들이 결혼해서 자식을 낳으면 비로소 그 부모의 마음을 알고 진정한 소통이 되는 것과 같다.

말씀을 지식으로 아는 것, 지혜와 계시의 영이 임하여 하나님의 뜻을 밝히 아는 것. 이 둘은 엄청난 차이가 있다. 그 뜻을 깨닫게 되면 태의 문을 열고 닫는 능력이 임한다. 말씀을 내 것으로 만들고 소식을 공포하는 여자의 단계까지 가야 한다.

하와와 사라의 공통점
어머니영성

하와, 이와를 영어로 Eve라고 한다. 왜 다른가? Eve가 이와인데, 영어 발음으로 이브라고 하는 것이다. 하와의 뜻은 '산 자의 어미'다.

하와라는 이름은 타락 후에 주어진 이름이다. 하와와 사라의 공통점은 '어머니'이다.

마치 사래(나의 공주)에서 사라(열국의 어머니)로 변화된 것처럼 나의 인생에 변화의 시간이 찾아왔다. 엄마가 된 거였다. 공주처럼 살던 나에게 하나님이 '사라'라는 이름을 주셨다. 그때부터 공주로 살던 마음가짐을 버리고, 엄마로 살기로 결심하였다.

목사님에게 시집와서 첫아들을 낳았다. 처녀 때 내 관심은 오로지 패션이었다. 전공이 장식미술, 의상 디자인인지라 멋 부리는 것을 좋아했다. 예쁜 옷을 입고, 아름다운 장신구를 고르는 일에 온통 정신을 빼앗겼다. 그 시절 철없이 멋만 부리던 공주병 걸린 여자가 바로 나였다.

이런 까닭에 초신자로 목사님의 사모가 되었으니 고충이 말이 아니었다. 고된 시집살이를 하면서 아기를 출산하여 키웠다. 주의 종인지라 생활 형편도 어려웠다. 공주같이 멋 부리며 살던 환경을 떠나 적은 월급으로 생활하려니 상당히 고통스러웠다. 입고 싶은 옷도 못 입고, 먹고 싶은 거 못 먹고 지내야 했다.

어느 날 큰아들 '모세'에게 젖을 먹이는데 갑자기 눈물이 펑펑 쏟아져 내렸다. 내 안에 있는 모성애가 발동하면서 하나님께 고백했다.

"하나님 이제 저는 '모세 엄마'가 되어 살겠습니다."

그때부터 나의 본래 이름도, 공주의 습성도 버렸다. 오로지 '모세 엄마'로서의 삶이 시작되었다. 힘든 형편과 맞닥뜨릴 때마다 '나는 모세 엄마다'라고 다짐하며 하루하루를 견디며 살았다.

당시 초신자였으므로 믿음과 영성이 부족했다. 전화가 와도 '모세 엄마', 교회에서 나를 소개할 때도 '모세 엄마'였다. 남편 목사님도 '모세 엄마'라고 불러줬다. 시어머니와 교회 권사님들에게도 '모세 엄마'로 통했다. 세월이 흘러 신학교에 입학해 내 이름을 불러 주었을 때, 참으로 어색하고 당황스럽기까지 했다.

여자는 약하나 어머니는 강하다. 내 경우가 바로 그랬다. 엄마라는 존재로 모든 어려움과 역경을 이겨냈다. 물론 사랑스러운 아들 '모세'의 역할도 컸다.

자신의 마음과 감정을 추스르고 다스린다는 건 참으로 힘든 노릇이다. 나 자신조차도 나를 차마 어쩌지 못한다. 내 마음도 내 마음이 아닌 것이다. 오직 주님의 마음, 하나님의 마음, 성령님의 마음이 우선이며 전부이다. 진리가 나를 이끄시고, 진리가 나를 주장하시고, 진리로 살 수밖에 없는 운명. 그것이 사라이고, 하와이다. 어미로 사는 자이다. 어미는 자식을 향한 모성애가 있다. 그 모성애가 하나님의 마음을 감동시키는 것이다.

옛날 어머니들은 정한수를 떠놓고 자식을 위해 빌었다. 지성이면 감천이라는 말을 믿고 자식을 위해 정성을 들인 것이다. 세상 사람들도 그러할진대, 믿는 우리의 태도는 더 말할 나위가 없다. 하나님의 뜻에 따라 내게 맡겨 주신 영혼을, 이 나라를 위하여 어미의 심령으로 기도해야 한다. 주님을 바라보면 하나님이 반드시 역사하신다.

우리 안에 생명이 들어오면 모든 것이 저절로 된다. 그분이 이끌어 가시기 때문이다.

나는 수줍음이 많은 사람이다. 누군가에게 부탁을 하지 못한다. 사람을 통해 일을 해본 적이 없다. 오직 주만 바라본다. 수줍음 많은 나를 들어, 주님께서는 전 세계 사역을 열어주시고 있다.

말씀이 육신이 되는 단계에 이르러야 한다. 그 말씀의 씨가 들어와서 약속의 아들 이삭을 낳아야 된다. 거기까지 가야 한다. 그것이 우리 신앙의 목적이자 목표이다.

잉태한 엄마에게 가장 소중한 존재는 태중의 아이이다. 이처럼 말씀을 씨로 받아 소중히 간직해야 한다. 아이를 낳고 기르면서 온갖 고생과 희생도 감내하듯, 말씀의 씨를 받으며 세상의 핍박과 고난을 참아낼 수 있어야 한다. 이것이 바로 어머니의 영성이다.

사라의 비밀을 아는 자에게
동일한 권세를 주신다

사라의 연고로, 아비멜렉 집안과 바로의 집안과 왕궁의 모든 태의 문이 열리고 닫혔다.

사라의 연고로, 그곳에 재앙을 내리셨다.

사라의 연고로, 기도하지 않던 아브라함이 기도하는 선지자로 바뀌었다.

창세기 20장에 아브라함이 아내를 팔았다. 하나님이 아비멜렉의 꿈에 나타나셔서, 사라를 건드리지 말라고 하시면서 그는 나의 선지자라고 말씀하셨다. 사라의 연고로 하나님께서 아브라함을 선지자로 승격시키고, 선지자의 권위와 능력을 부여하신 것이다.

하나님이 우리를 사라로 부르셨다. 열국의 어머니, 마지막 때 열국의 신부, 교회들로 부르셨다.

예수님이 말씀하셨다.

"눈을 들어 보라! 밭은 희어졌으되 추수할 일꾼은 없도다"

이단들이 추수꾼이라는 단어를 많이 쓴다. 따라서 의미가 축소 왜곡된 느낌마저 갖게 한다.

분명한 점은, 우리는 마지막 때 아들을 낳는 사라가 되어야 한다. 사라는 열국의 어미, 생명을 낳는 자이다. 열방의 추수를 하고, 또 그 형제들의 주가 되는 것이다.

하나님이 사라에게 묶고 푸는 권세를 주셨다. 사라는 열왕들을 심판하는 권세를 가진, 최고 높은 신부의 반열이다. 이러한 영의 메커니즘 원리가 창세기부터 요한계시록까지 성경 전체에 한 맥으로 적용된다.

목사가 되기 전 사모로 있을 때였다.

여성들을 위한 중보기도 세미나를 이끌었다. 주로 성경 속 여성들에 관한 강의를 많이 했다.

그날은 사무엘상의 한나에 관한 설교였다. 한나는 성경 속 불임 환자의 대표 여성이다. 그 한나의 간절한 기도에 하나님께서 응답하셔서 사무엘이라는 전무후무한 주의 종이 탄생했다.

그날 세미나 이후 1년 남짓 지났을 때, 한 여인이 갓난아기를 안고 찾아왔다. 감격에 겨운 얼굴로 사연을 들려주었다.

세미나에 참여했을 때 불임의 몸이었다. 한나의 설교로 은혜를 받앉는데, 놀랍게도 잉태하게 되었다. 품에 안고 아이가 바로 그 증거라고 했다.

사실, 그 한나 강의를 통해 불임 환자 세 분이 동시에 임신하는 기적이 일어났다. 그중 한 분은 우리 교회 전도사 사모님이었다. 8년 동안 아기를 갖기 위해 각고의 노력을 했는데도 아기가 생기지 않았던 분이다.

외부 교회에서 참석한 다른 두 집사님 역시 불임 환자였다. 아기를 갖기 위해 아파트 한 채를 날릴 정도로 많은 돈을 투자하고 있었다. 시험관 아기 등 여러 의학적 도움을 받아서 아기를 가지려고 노력했지만 뜻을 이루지 못했다. 하나님께 아기를 달라고 작정기도도 하고 있었다.

세미나를 통해 세 명의 불임 환자들이 동시에 임신하는 역사가 일어났다. 태의 문을 여는 사라의 권세가 임한 것이었다.

그 외에도 5년 넘게 성경 속 여성에 관한 세미나를 하면서, 말씀이 실제가 되는 역사들을 숱하게 체험하고 있다. 사라와 같이, 에스더, 한나와 같은 여성에게 일어났던 역사였다.

사라에 관해 말씀을 전할 때, 실제로 남편과 자녀들이 극적으로 변화되는 일들이 있었다. 또한 에스더서의 말씀을 전하면서 놀라운 역사를 목격했다. 에스더같이 나라와 민족을 위해 죽으면 죽으리라는 각오로 금식하는 구국기도운동이 시작되었다. 어느덧 전 세계 네트워크로 형성되면서 수천 명의 여성기도 용사들이 세워지는 기적들이 일어났다.

사라의 권세는 엄청난 것이다.

하나님이 사라에게 주신 권세는 지금 여기, 나에게도 일어난다. 사라의 비밀을 아는 자에게 동일하게 역사하신다.

신부의 모형 사라

사라는 신부의 모형이다.

마지막 때 열국의 어머니로서 생명을 잉태하고 해산하여 하나님 나라의 주역이 되는, 거룩한 어린양 예수 그리스도의 신부의 모델이다.

마지막 전쟁은 왕을 심판하는 것이다. 여호수아와 이스라엘 군대가 가나안 땅에 들어갔을 때, 가장 먼저 왕들을 잡아 죽였다. 사탄이 곧 왕이다. 세상 임금인 사탄을 처단하는 것이 다시 오실 예수 그리스도의 재림의 역사인 것이다.

첫 번째 예수님은 우리를 위해 죽으러 오셨다. 그러나 다시 오실 예수님은 심판주로 죽이러 오셔서 세상의 왕들을 영원한 무저갱, 불지옥으로 심판하신다. 이때 사라를 파트너로 삼으신다. 예수님은 어린양 신랑으로, 우리는 신부의 신분으로 심판에 참여한다.

성경은 왜 어린양 예수 그리스도 신랑과의 관계로 설명하는 것일까?

왜 마지막 구원의 최종 결론으로 결혼을 말씀하는 것일까?

하나님께서 혼자 다 하실 수 있다. 그러나 하나님이 인간을 만드시고, 특별히 교회들, 어린양의 신부들을 고르고 세우시는 데는 놀라운 계획이 있는 것이다.

요한계시록 19장에 예수님이 백마 타고 심판주로 내려오신다. 그 입에서 날선 검이 나온다고 했다. 그 검은 말씀의 검이다. 말씀의 검으로 용들, 거짓 선지자들, 이 세상 임금들, 왕들을 심판하신다.

그 뒤로 세마포 입은 거룩한 신부군대가 따라 내려온다. 그것을 대표하는 신부의 모형이 사라이다.

그러므로 사라는 열국의 어미이다. 바로 왕과 아비멜렉 왕의 재앙을 내리는 '사라의 연고로'의 키를 가지고 있다. 하나님께서 주신 열고 닫는 권세이다.

약 10년 전에 사모로서 일본인들만 모인 컨퍼런스에서 초청을 받아 강의를 하게 되었다.

그 때 '사라의 연고로'의 창세기 12장과 20장의 말씀을 성령께서 주신 대로 전했다. 남자 목사님들이 기립박수를 치며 환호했다.

남자 목사님들은 남성의 시각에 사로잡혀 있다. 성경을 아무리 봐도 주인공이 아브라함이라고 생각하기에, '사라의 연고로'라는 구절을 주목하지 못한다.

그러나 원작자 하나님께서 주시고자 하는 메시지는, 모든 재앙과 태의 문을 열고 닫는 자가 '사라의 연고' 즉, 사라 때문이다.

이것은 새로운 패러다임이다. '사라의 연고로'에 주목할 때, 하나님의 뜻에 새삼 감격하게 된다.

약속대로 열국의 어미가 된 사라

사라는 남편 아브라함에 의해 두 번 팔렸다. 창세기 12장에 바로에게 팔리고, 20장에 아비멜렉에게 팔렸다.

> 아브라함이 하나님께 기도하매 하나님이 아비멜렉과 그의 아내와 여종을 치료하사 출산하게 하셨으니 여호와께서 이왕에 아브라함의 아내 사라의 일로 아비멜렉의 집의 모든 태를 닫으셨음이더라 _창20:17-18

아비멜렉 집의 왕후로부터 모든 태의 문이 닫혔다. 바야흐로 하나님의 저주가 임했다는 뜻이다. 그러나 하나님께서 '사라의 연고로' 태를 여셨다. 자궁이 치유되고 생명이 잉태될 수 있는 길이 열린 것이다.

여기에 중대한 메타포가 들어 있다. 바로 영적으로 '열린 문'이라는 의미이다.

신부(교회)들은 생명, 즉 말씀을 잉태해야 한다. 잉태함으로 끝나지 않는다. 반드시 아들을 낳아야 하는 것이다.

지금 이 시대는 영적 자궁들이 닫혔다고 볼 수 있다. 우리나라에는 1970년, 80년대에 걸쳐 엄청난 교회 부흥이 있었다. 그러나 지금 교회들은 쇠퇴해 가고 교인들의 수가 나날이 줄어들고 있는 실정이다. 1천 2백만이었던 기독교인 수가 이제는 6백만도 안 된다. 그러므로 '사라의 연고로' 모든 태를 여는 사역은 너무나 중요하다.

현재 우리나라는 세계 최저의 출산율을 기록하고 있다. 국가는 통치권, 영토, 국민들로 이뤄진다. 아이를 낳지 않아 국민의 수가 점점 줄어든다는 것은 심각하게 위급한 상황이다. 위기 중에 위기인 셈이다.

이제, 수많은 사라들이 일어나야 한다. '사라의 연고로' 태를 여는 역사가 이루어질 때, 이 나라를 향한 하나님의 놀라운 뜻이 이루어질 것이다.

성경은 '사라의 연고로' 마지막 때 수많은 약속의 아들들이 태어나, 시온산에 어린양 예수 그리스도와 그의 신부들이 서 있는 모습을 보여준다. 이 모습은 곧 마지막 때를 위한 말씀이다.

"시온의 딸아!"라고 성경에서 계속 말한다. 시온은 예루살렘성전이 있는 산이며 하나님의 말씀이 나오는 곳이다.

여기에 십사만 사천이 나오는데, 모두 '사라의 연고로' 태어난 생명들이다. 즉 말씀으로 진리의 생명이 된 자들을 뜻한다.

하나님의 말씀은 시온에서 나온다. 이는 은유적 표현으로 서로 연결된다. 말씀을 약속의 씨로 상징한다. 그 말씀을 잉태했으니 말씀이 약속의 씨인 아들로 나와야 한다.

하나님은 성경에 전체 지구의 역사, 특별히 이스라엘의 역사를 연대기적으로 기록해 놓으셨다. 이스라엘 나라의 역사를 생생하게 기록해 놓으신 이유는 무엇일까?

하나님 아버지의 뜻과 계획을 보여 주시기 위함이다. 그래서 성경은 부분적, 단편적으로 보면 안 된다. 전체 숲을 보고, 점점 깊이 들어가 부분적으로 세밀한 것까지 보아야 한다.

성경 전체 창세기부터 요한계시록까지, 왜 하나님이 그런 흐름으로 기록해 놓으셨을까? 먼저 우리는 그 점에 주목해야 한다. 역사의 주관자가 예수 그리스도이시므로, 66권 성경 전체에서 말씀하시고자 하는 하나님의 계획과 섭리를 깨달아야 한다.

'사라의 연고로'는 성경 전체 흐름을 관통하고 있는 핵심 메시지이다. 창세기에서 시작하여 요한계시록 빌라델비아 교회의 다윗의 열쇠까지에 흐르는 성경의 핵심인 것이다.

창세기부터 요한계시록까지, 역사는 점진적으로 이루어진다는 것이 영적 원리와 공식이다.

이스라엘이라는 나라는 개인으로부터 시작되었다. 아브라함이라는 한 개인으로부터 야곱 족속이 나왔다. 흐르고 흘러 우리에게까지 이르렀다. 그러므로 아브라함의 하나님, 이삭의 하나님, 야곱의 하나님, 우리의 하나님이 되신다.

이처럼 성경은 점진적 역사이다. 한 사람으로 시작하여 70명의 가족이 애굽으로 갔다. 그리고 4대 만에 장정만 60만, 부녀자 합하면 약 2백만이라는 어마어마한 민족이 되어 출애굽을 했다. 2백만 명이 가나안에 들어가 드디어 이스라엘이라는 국가가 탄생했다. 그야말로 처음 시작은 미약하지만 나중에는 창대하게 되리라는 약속의 실현인 것이다.

사라가 이삭 하나만 낳았지만, 전체 역사의 흐름을 보면 많은 민족과 나라가 그를 통하여 탄생했다. 하나님의 약속대로 열국의 어미가 된 것이 증명된 것이다.

내가 너로 큰 민족을 이루고 네게 복을 주어 네 이름을 창대하게 하리니 이렇게 하나님께서 아브라함에게 언약하셨다.

하나님의 나라는 언약으로 이루어진다. 언약은 쌍방 간의 약속이다. 일방적인 것이 아니다. 우리가 하나님의 언약을 이루기 위해서는 말씀을 받아야 되고, 그 말씀에 순종하여 열매를 맺고 생명을 낳아야 되는 것이다.

하나님은 이미 완전하신 분이다. 말씀 역시 완전하므로, 그 말씀을 받는 자가 중요하다.

모든 말씀 속에는 영적 원리가 담겨 있다. 하나님이 말씀의 씨를 독생자 외아들에게 주셔서 이 땅에 보내셨다. 그리고 그 씨를 주시기 위한 상대를 고르신다.

그 씨를 받는 자는 신부이다. 신부는 예수 그리스도의 말씀을 받는 자가 되는 것이다. 신부가 그 말씀과 연합되기 위하여 말씀을 잉태하면, 씨를 주는 자와 언약의 관계가 이루어지는 것이다.

사라의 열방사역

'사라의 연고'는 하나님을 경외하는 단계에서 나온다.

경외하는 자는 그 이름을 높이는 자라는 뜻이다. 누에는 아름다운 비단실을 만들기 위해 뽕잎 외에 다른 것을 절대 먹지 않는다. 우리도 순수한 말씀을 먹고 아름다운 세마포를 짓기 위한 말씀의 실을 만들어야 한다. 그러기 위해 말씀의 본질을 깨닫고 이해하고 내 것으로 만들어야 한다.

"존귀하나 말씀을 깨닫지 못하는 사람은 멸망하는 짐승 같도다"_시49:20 라고 했다. 또한 짐승의 수인 666이 된다는 것이다. _계13 그러므로 말씀을 깨닫고 되새김질해서 내 것으로 만들어야 특별한 소유로 기념책에 기록되는 무리에 속하게 된다.

거듭 말하지만, 사라는 하늘에 속한 열국의 어머니로서 약속의 씨를 잉태한 자를 나타낸다. 열국의 어머니라는 뜻은 마지막 때 추수를 위함이고, 마지막 추수는 예수 그리스도의 재림을 위한 것이다.

따라서 사라는 전 세계 열방의 대추수사역을 감당하는 교회를 상징한다. 왜냐하면 마지막 때는 예수 그리스도를 모르는 민족과 나라들의 땅끝까지 이르러 복음이 증거되고, 마침내 그들이 주 예수 그리스도께로 돌아오는 놀라운 회복의 역사와 부흥의 역사가 일어나기 때문이다. 이사야서 66장에 한 나라가, 민족이, 족속이, 열방이 주께로 돌아온다고 기록되어 있다.

> 시온은 진통을 하기 전에 해산하며 고통을 당하기 전에 남아를 낳았으니 이러한 일을 들은 자가 누구이며 이러한 일을 본 자가 누구이냐 나라가 어찌 하루에 생기겠으며 민족이 어찌 한 순간에 태어나겠느냐 그러나 시온은 진통하는 즉시 그 아들을 순산하였도다 여호와께서 이르시되 내가 아이를 갖도록 하였은즉 해산하게 하지 아니하겠느냐 네 하나님이 이르시되 나는 해산하게 하는 이인즉 어찌 태를 닫겠느냐 하시니라 _사66:7-9

사라는, 즉 교회의 사역은 결국 열국의 어머니로서 많은 영혼들을 추수하는 것이다. 하나님의 자녀들을 잉태하고 해산하는 마지막 때 대추수의 역할을 감당하는 것이다.

마지막 때 사라(교회)들은 열방을 품어야 한다. 전 세계 네트워크 사역을 해야 한다. 영적인 약속의 아들들을 낳아야 하며 민족을 낳아야 한다. 천년 왕국의 백성 그리고 왕과 제사장들이 되기 위하여 우리는 그 단계까지 올라가야 한다.

이어서 대 환란이 오고 인류의 종말이 이른다고 성경은 기록하고 있다. 그러므로 진리의 성령님께서는 이 마지막 때 어린양 예수 그리스도와의 혼인을 위하여 교회들을 열 달 동안 신부 단장시키신다.

> 그러므로 우리가 여호와를 알자 힘써 여호와를 알자 그의 나타나심은 새벽 빛 같이 어김없나니 비와 같이, 땅을 적시는 늦은 비와 같이 우리에게 임하시리라 하니라 _호6:3

마지막 때는 어떤 일이 있는가?

늦은 비의 성령의 역사는 열방의 대추수가 이루어지는 것을 뜻한다.

'사라의 연고로'는 엄청난 영계의 비밀이며 마지막 시대에 주시는 말씀이다. 마지막 때에는 늦은 비의 성령을 부어 주신다. 늦은 비의 폭포수 같은 성령의 기름을 부어 주는데 그 이유는 마지막 때의 추수 때문이다.

마지막 대추수의 역사가 있다는 것은 여러 선지서에 기록되어 있다. 추수할 일꾼을 보내달라고 주님은 기도하라고 하셨다. 천사(앙

젤로스=사역자=말씀을 증거 하는 종들)는 일반 종이 아니다. 추수를 위해 나팔을 부는 자들이 바로 '사라의 연고로' 주님께서 부르시고 세우시는 종들이다.

> 나라가 어찌 하루에 생기겠으며 민족이 어찌 한 순간에 태어나겠느냐 그러나 시온은 진통하는 즉시 그 아들을 순산하였도다 여호와께서 이르시되 내가 아이를 갖도록 하였은즉 해산하게 하지 아니하겠느냐 네 하나님이 이르시되 나는 해산하게 하는 이인즉 어찌 태를 닫겠느냐 하시니라 _사66:8-9

'사라의 연고로' 태의 문이 열리면 이렇게 시온이 진통하는 즉시 아들을 순산하게 된다. 민족과 국가가 마지막 때 예수 그리스도께로 돌아온다. 다시 말해 열방의 추수의 역사가 일어난다는 뜻이다.
이 얼마나 놀라운 하나님 나라의 역사인가?
그러므로 '사라의 연고로'의 사역은 반드시 이루어져야 한다.

이처럼 마지막 때에 늦은 비의 놀라운 성령을 부어주시고 폭포수 같은 성령을 부어 주시는 이유는 마지막 대추수의 역사와 종말이 오기 때문이다. 그리고 마침내 천년왕국, 새 하늘과 새 땅을 여신다.

그 후에 내가 내 영을 만민에게 부어 주리니 너희 자녀들이 장래 일을 말할 것이며 너희 늙은이는 꿈을 꾸며 너희 젊은이는 이상을 볼 것이며 그 때에 내가 또 내 영을 남종과 여종에게 부어 줄 것이며 내가 이적을 하늘과 땅에 베풀리니 곧 피와 불과 연기 기둥이라 여호와의 크고 두려운 날이 이르기 전에 해가 어두워지고 달이 핏빛 같이 변하려니와 누구든지 여호와의 이름을 부르는 자는 구원을 얻으리니 이는 나 여호와의 말대로 시온 산과 예루살렘에서 피할 자가 있을 것임이요 남은 자 중에 나 여호와의 부름을 받을 자가 있을 것임이니라 _욜2:28-32

이와 같이 요엘서에 기록한 말씀대로 마지막 때 부흥의 역사는 강력한 성령님의 기름 부으심으로 이루어질 것이다. 열방에 많은 사라(교회)들을 깨워 슬기로운 처녀와 같이 기름을 준비하게 하신다.

"사라야 내가 너를 불러 세웠노라!"
이 시대 많은 사라들이 세워져야 하며, 교회들은 하나님의 음성을 들어야 한다. 또한 여성들을 통하여 이 놀라운 '사라의 연고로' 역사를 하나님이 이루실 것을 분명히 깨달아야 한다.
하나님께서 불러주셨으니 우리는 마땅히 일어나야 한다. 우리 모두 그러하길 간절히 원한다. '사라의 연고로' 주님께서 태를 열면 열국의 어미로서 약속의 아들을, 민족을 낳게 되는 것이다. 대추수의 역사이다. 하나님 나라를 만들기 위하여 민족을 만드신다.

이는 아무나 받을 수 있는 말씀이 아니다. 성령님의 기름부음, 지혜와 계시의 영을 사모하는 자가 받게 된다. 이 말씀의 씨를 잉태하여 아들을 낳아야 한다. 아들을 낳는 것은 민족과 나라를 낳는 것이다.

우리 모두는 사라다.

"내가 너를 세웠다"는 하나님의 부르심에 응답해 일어나야 한다. 하나님이 마지막 때를 위해 함께 일하길 원하신다.

영적 지성소에 들어가려면

"내가 임산케 하였은즉 해산케 아니하겠느냐."

이 말씀은 임산과 해산의 주체가 하나님이시라는 뜻이다.

교회들이 마지막 때 대추수의 사역을 감당할 때, 사탄으로부터 엄청난 공격을 받게 된다. 그러나 하나님이 어린양의 피와 그를 증거하는 말씀으로 이겨 해산케 하신다.

해산은 고통이다. 그러나 이 고통의 과정도 하나님께 붙들리면 된다. 그분이 나의 주관자가 되셔서 이끌어 가시고 지켜 주신다.

그들이 평안하다, 안전하다 할 그 때에 임신한 여자에게 해산의 고통이
이름과 같이 멸망이 갑자기 그들에게 이르리니 결코 피하지 못하리라 _
살전5:3

성도들은 믿음이 침륜에 빠져서도 안 되고 후퇴하여도 안 된다. 말씀으로 계속 비상하고 성장하며 치고 올라가야 한다. 그러면 절

대로 그날이 도적같이 오지 않는다.

임신을 했어도 지금 이 시대 육적인 욕구를 좇는다면, 유산이 될 수 있다. 잉태한 여자는 그 안의 생명을 지키기 위하여 최선을 다해야 한다.

계속 말씀으로 채우고 경건의 훈련을 해 나가도 과연 열 달 후 해산하는 자는 몇 명이나 될 수 있을까. 왜냐하면 주님께서 마지막 때 믿는 자를 보겠느냐고 하셨기 때문이다.

이와 같이 하나님이 택하신 '사라'(열국의 어미)와 같은 사명을 받으면 엄청난 공격이 뒤따른다. 그러나 어린양의 피와 그를 증거 하는 말씀으로 이기면 해산케 하신다.

유산되지 않기 위해서는 내가 빛을 발할 때까지 계속 말씀을 품고 올라가야 한다. 영광의 임재에 이를 때까지이다. 말씀의 빛이 계속 내게 비춰서 영광의 임재가 내 안에 들어와야 한다.

이렇게 계속 말씀을 깊이 깨달아 영적 지성소에 이른다면, 그때는 더 이상 내 노력을 전력치 않아도 된다. 거룩하게 하는 참 빛에 의해 절로 발광하게 된다. 약속의 아들을 출산하게 되는 것이다.

빛의 아들을 잉태하고 출산하는 사라에게는 주님의 심판은 도적같이 오지 않는다.

주님께서 종말의 때에 달빛이 핏빛으로 변하는 징조를 미리 보이시며 피할 길을 주신다 하셨다. 또한 밤에 노을이 있으면 그다음 날 날이 흐림을 천기를 보아 알게 하셨다.

이렇듯 사라들에게는 시대의 징조와 자연의 사인을 주셔서 깨닫게 하시므로 주님, 신랑 예수 그리스도가 언제 오시는 것을 알게 하신다.

그러나 빛의 아들(영적 사라) 중에도 지성소까지 들어가는 자는 극히 드물다. 말씀의 영광의 임재가 계속 내 안의 성전으로 들어와야 하기 때문이다. 성령의 기류를 타고 가장 높은 거룩의 단계인 지성소 안에 들어가야 한다.

이처럼 사라들은 말씀을 받아 영적 가장 높은 단계로 올라가서 대추수를 위하여 열방을 품어야 한다.

누룩처럼 퍼져가는 사역들

세미나를 진행한 지 1년 만이었다.

주님께서 사사기 7장의 기드온 용사의 말씀을 주셨다. 이 시대에 거룩하고 구별된 신부의 군대가 일어나야 한다는 거룩한 부담감에 사로잡혔다. 부르심에 순종하고 기도했다. 마침내 대부분 주의 종들로 이루어진 '300용사 세계 선교회'가 탄생했다.

'300용사 세계 선교회'는 2014년 7월 24일에 국회의사당 헌정관 세미나실에서 발대식을 가졌다. 그리고 오늘에 이르기까지 수많은 세미나와 집회를 해왔다.

진리 회복운동으로 전국 목회자를 대상으로 생명 세미나를 하고 있다.

생명 세미나에서는 성경을 예수 그리스도의 구속사 관점으로 풀어낸다. 창세기부터 요한계시록까지 성경의 맥을 뚫어 준다. 이 세미나를 통해 성경 속의 비밀이 풀어지며, 말씀이 실제가 되어 치유와 회복과 부흥의 역사가 일어나고 있다. 매 회마다 전국 각지의 목회자들이 몰려온다. 그 수는 날이 갈수록 더해가고 있다.

또한 온라인으로 하나님께서 귀하신 분들을 붙여주셨다. 나라와 민족을 위해 단체 모임을 만들어 기도운동을 진행하고 있다.

이 기도운동은 어떤 개인이나 단체의 이름과 유익을 위함이 아니다. 이 시대 죄악의 관영함으로 암흑과 위기에 처한 나라를 위하여 기도하는 운동이다. 하나님께서 이 민족의 해방에 유관순 열사를 택하셨듯이 한 연약한 여성에게 거룩한 부담을 주시어 시작된 기도운동이다.

죄악 된 영적기류를 바꾸어 오직 아버지의 마음을 구한다. 나라와 민족의 구원을 위하여 자신을 먼저 제단 앞에 제물로 올려드리는 마음과 자세로 기도하는 운동이다.

하나님께서 친히 전 세계 네트워크로 열방 사라사역을 시작하셨다. 온 나라 지역, 교회에도 '300용사 기도운동'을 일으키시어 함께 연대하며 기도운동(prayer movement)이 불길같이 번져나가게 하셨다.

40/40 구국 릴레이 기도운동이 시작되었다.

카톡방을 활용해 나라와 민족을 위해, 열방을 위해, 다음 세대 자녀들을 위해서 기도방이 만들어졌는데 현재는 84개가 되었다. 처음에는 기도방 2개로 시작했다. 지금은 84개로 늘어났다. 놀라운 부흥과 세계 열방의 추수 사역이 일어나고 있다.

이 운동은 필자가 이끄는 '300인 기도용사 선교회'가 여러 세계 구국기도운동과 연합(Global online network)하는 릴레이 금식 기도운동이다. 방법은 40명이 한 방에 속해서 40일간 하루 또는 한 끼 금식하며 기도하는 것이다.

84개의 금식기도 채팅방에는 전 세계 기도하시는 분들이 모여 있다. 대부분 주의 종과 평신도 사역자들이다. 그들은 하나님의 나라와 의를 위해 자신을 내놓고 기도한다. 나라와 민족을 사랑하여 목숨 걸고 기도하는 분들이다.

미국, 캐나다, 대만, 일본, 필리핀, 파키스탄, 아프리카, 몽골, 러시아, 중국, 우즈베키스탄, 이스라엘, 스리랑카 등 세계 각국의 선교사님들이 '300용사 선교회'에 함께하고 있다.

그동안 40일씩 27번의 릴레이 '구국 자녀사랑 금식기도'가 이어졌다. 이제 앞으로 이 기도운동을 통하여 마지막 예수 그리스도의 재림을 준비하는 추수사역이 이루어질 것을 믿는다.

아니나 다를까. 기도방마다 엄청난 응답의 역사가 일어나고 있다. 그 응답의 고백들이 매일 각 기도방에서 이어지고 있다. 주님의 역사하심이 너무나 놀랍다.

지금은 노아의 시대 같은 마지막 때이다. 동성애가 창궐하고 있다. 자녀들을 중독으로 파멸시키는 핸드폰, 컴퓨터 게임, 음란 등이 도처에서 유혹한다. 자녀를 정체성 혼란으로부터 건지고 구원의 길로 인도하기 위해 부모들은 목숨을 걸고 기도해야 한다.

전 세계 사라들, 300용사들의 기도가 하늘에 상달되어서 흉악한 결박이 끊어지며 멍에의 줄이 풀어지며 자유하게 되는 놀라운 역사가 있기를 기대한다.

300용사 기도운동을 통하여 영계의 흐름, 영적기류가 바뀌고 하나님 나라가 임하는 놀라운 일들이 수없이 일어났다.

"사라야 내가 너를 불러 세웠노라!"

하나님께서 말씀하신대로 무명의 부족하고 보잘 것 없는 부녀자인 필자를 사용하셨다. 도저히 인간적인 상식으로는 설명할 수 없는 일들이 무수히 일어났다.

지난 5년 동안 감당해 온 사역은 이러하다.

*세계적인 네트워크 기도사역

*국가적 부르심(국회사역)

*여성 사라사역

*주의 종들을 깨우고

*다음 세대 여호수아 세대를 일으킴

*열방 추수사역

*복음 통일국가 사역

*땅끝 이스라엘 복음 사역

그동안 미국, 이스라엘, 일본 등 순회 집회를 숱하게 했다. 전국을 다니며 성회를 했으며 방송국 사역, 큰 대외적인 집회 인도는 헤아릴 수도 없다. 국회에서 설교하는 일도 종종 있다.

어떻게 이 모든 일들이 일어나는가. 계획도, 상상도 못했던 일들이었다.

연약한 여자 목사로서 내 힘으로, 내 능력으로 하는 일이 아니다. 앞서 고백했지만 나는 사회활동도 안하고 인맥도 없는 목사이다. 수줍음과 부끄러움 때문에 사람 앞에 나서기도 어려웠던 보잘 것 없는 사람이었다. 가부장적인 남편에게 눌려 기가 죽었고, 앞장서서 무슨 일을 도모한 적도 없었다.

그런 나를 하나님께서 바꾸셨다. 들어 사용하시니 날마다 놀라운 기적이 사역에, 내 삶에 일어났다. 하나님께서 하게 하셨다. 하나님이 주신 비전들이 놀랍도록 정확히 이루어지고 있다.

다시 돌이켜보건대, 하나님께서 말씀하시고 부르시고 작정하심에 순종했을 뿐이다. 그러자 내 삶에서 일어나는 일들은 상상을 초월한다. 그래서 나는 내 인생과 사역에 '초자연적 역사'라는 단어를 즐겨 쓴다.

"어머나, 주님이 이렇게 하셨네요. 오늘은 또 이렇게 하셨네요."

"와우, 하나님이시다."

내 입에서는 이런 감탄사가 끊이질 않는다.

말씀이 육신이 되는 단계가 될 때까지 오직 진리의 말씀, 성령님의 인도에 죽도록 충성하고 좋은 결과이리라.

왜 300용사인가?

3년 전이었다. 하나님께서 사사기 7장 7절 말씀을 주시면서 꿈에 계시를 주셨다. 하나님의 손이 하늘에서 내려와 내 등에 777을 써 주셨다.

현재 '300용사 기도운동'은 그렇게 말씀에 순종해 시작하였다.

결코 신비주의가 아니다. 지금까지 성령님께서 내게 계시해 주신 것들이 다 그러했고, 실제 현실로 이뤄졌다.

2018년 1월 2일 미스바 성회에서 하나님께서 열린 문의 축복을 주시겠다고 하시며, 북한의 문이 열린다고 하셨다. 그런데 바로 뉴스에서 보도가 되었다.

또한 김정은이 올림픽에 참가하겠다고 했을 때, 양OO 목사님과 예배를 드리며 나라와 민족을 위해 기도하고 있었다. 성령님께서 "김정은이 핵을 포기하는 쪽으로 마음이 움직여졌다"고 말씀하셨다. 그 내용 역시 뉴스에 나왔다.

지금까지 성령님께서 주신 말씀은 다 맞았다. 주님이 영적인 것을 나에게 보여주시고 계시는 것이다.

'300용사 기도운동'은 300명의 숫자에서 시작해 어느덧 3천 명이 넘었다. 3천용사 기도운동으로 바꿔야 하지 않느냐는 우스갯소리도 들린다.

왜 300용사인가?

300용사에는 어떤 의미가 있는가?

사사기 7장 7절에 미디안과의 전투가 나온다. 하나님은 자원해서 나온 병사 3만 2천 명을 다 쓰지 않으셨다. 기드온에게 두려워 떠는 자들을 돌려보내라고 하셨다.

미디안과 아말렉 연합군의 수는 수십만 명이다. 지금의 숫자를 다 해도 부족할 텐데 군사가 너무 많다고 하셨다. 하나님이 그들 중에서 300명을 가려내셨다. 무릎을 꿇고 물을 마신 자는 탈락이다. 물을 손으로 움켜 입에 대고 핥은 자의 수가 300명이었다.

여기서 300명의 3은 성삼위일체의 숫자, 100은 아들의 숫자로 열매를 말한다. 아브라함에게 100세에 약속의 아들을 주셨다는 그 의미이다.

오직 300명으로 영적 전쟁을 감당하게 하신 것이다. 물은 말씀이다. 결국 말씀을 소중히 먹은 자들, 진리가 된 자들 300명만 선택하신 것이다.

사라, 신부는 군대라고 말했다.

마지막 때 용(사탄)과의 전쟁에서 그들을 심판하고 승리하는 역할을 하는 자들이다. 꽃단장하고 면사포 쓴 여성이 아니라, 군대이다. 마지막 때인 지금은 교회(신부)들이 말씀을 품고, 훈련되고, 그렇게 살아내어, 생명을 낳는 300인 용사로 택함을 받아야 한다. 300용사는 최전방 정예부대를 의미하는 것이다.

하나님이 이들에게 짐승의 수인 666이 아닌, 완전수 777을 주신다. 이들은 말씀으로 낳은 자들이기 때문이다.

제자 중 여럿이 듣고 말하되 이 말씀은 어렵도다 누가 들을 수 있느냐 한대 예수께서 스스로 제자들이 이 말씀에 대하여 수군거리는 줄 아시고 이르시되 이 말이 너희에게 걸림이 되느냐 그러면 너희는 인자가 이전에 있던 곳으로 올라가는 것을 본다면 어떻게 하겠느냐 살리는 것은 영이니 육은 무익하니라 내가 너희에게 이른 말은 영이요 생명이라 _요 6:60-63

이어 66절에 그때부터 제자 중 많은 사람이 떠나가고 다시 그와 함께 다니지 아니하였다고 했다.

예수님께서 귀신을 쫓아내고, 병을 낫게 하고, 오병이어와 같은 기적을 일으켰을 때는 무리들이 벌떼같이 따라다녔다. 유대인들은 표적을 구한 것이다. 병이 낫고 대박이 터지면 예수님께 몰려왔다. 그러나 영의 말씀을 전하자 말씀이 어렵다며 떠났고, 다시는 예수님과 다니지 않았다.

그들에게는 구원이 아니라 심판이 임한다. 마지막 때는 타작기로 알곡과 쭉정이를 가르시고 구분하신다. 물가에서 시험하셨다는 것은 불 같은 말씀의 연단으로 시험을 하신다는 것이다.

300명은 물과 성령으로 거듭나 말씀으로 아들이 된 자를 말한다.

이스라엘 백성들 1세대는 광야에서 심판을 받았다. 새로 태어난 2세대만이 축복의 땅에 들어갔다.

2세대는 성인이 될 때까지 광야에서 기다렸다. 새로 태어난 아기들은 자라는 기간이 있어야 하기 때문이다. 신명기에 보면 20세에 군대에 입대를 한다. 영의 몸이 성장하고 자라야 신부군대에 입대하는 것이다.

우리의 스펙, 백그라운드, 미모 등의 자격조건은 중요하지 않다. 하나님은 우리의 외모를 보시지 않고, 중심을 보시기 때문이다. 우리 안에 영의 몸이, 생명의 말씀이 얼마나 잘 자랐는가를 보시는 것이다.

20세가 될 때까지 하나님은 신부를 양육하신다. 그리하여 성인이 되어 가나안을 선제공격하는 것이다. 가나안에 그냥 들어가는 것이 아니다. 군대를 조직하고, 앞에서 제사장들이 말씀의 법궤를 메고 진격해야 한다.

사람의 계획과 하나님의 계획은 다르다. 내 추측과 방법대로 되는 것이 아니다. 우리는 철저한 영적 전쟁을 치러야만 가나안 땅에 들어갈 수 있다. 가나안의 7족속과 왕들을 처단하지 않으면 가나안 땅에 들어갈 수 없다. 그곳에 거룩한 예루살렘성을 세우고, 하나님께서 통치하시는 나라가 되어야하기 때문이다.

세상 것에 지나치게 마음과 시간을 빼앗겨서는 안 된다. 슬기로운 처녀의 기름을 준비해야 한다. 사라의 영성, 신부의 영성의 말씀을 준비하지 못하면 신부의 반열에서 멀어진다.

안목의 정욕은 눈에 보이는 것들에 집중하게 만든다. 내가 원하는 것을 다 누려도 하나님 앞에는 소용없다. 모래 위에 지은 집과 같다.

옛날에 바퀴벌레들이 집 안에 많이 돌아다녔다. 엄청나게 알을 까고 번식하여, 아무리 약을 뿌려도 끊임없이 나타나곤 했다. 이처럼 사탄의 세력도 우리 안에서 알을 까고 번식하여 자신의 왕국을 끊임없이 확장시켜 나간다.

요즘은 세스코라는 벌레 박멸회사에 클리닝을 요청하면 뜨거운

증기로 벌레를 완전히 박멸시켜 준다. 우리도 그렇게 예수 그리스도의 보혈로 내 안의 더러운 벌레, 세상의 왕들을 완전히 박멸해야 된다. 여기서 세스코의 역할을 하는 것이 '사라의 연고로'이다. 내 안에 모든 더러운 세속적 왕들의 재앙을 열고 닫기 때문이다.

신부의 가장 중요한 조건은 "거룩"이다. 거룩해야 신부의 반열에 들어갈 수 있다.

요한계시록 20장에 거룩한 성에 참여하는 권세를 가지려면 두루마기를 빨아야 된다고 했다. 요즘처럼 자동 세탁기에 넣는 것이 아니다.

회개란 옛날 어머니들이 힘들게 빨래했던 것처럼, 양잿물에 삶고 비누칠하고 두드리고 밟는 여러 단계를 거치는 것이다. 온 힘을 다하여 빨래를 하듯 그렇게 해야 되는 것이다. 은을 제련하고, 잿물로 깨끗게 하신다고, 성경은 기록하고 있다. _슥13

사라사역 중 일어나는 기적들

필자가 10년 전 목사가 되기 전에 중보기도 세미나를 했다.

그때 낮에 여성들이 100명씩 모였는데, 날마다 기적이 일어났다. 불임 환자 하나의 이야기를 성령님께서 조명하시어 풀게 하셨다. 그때는 안수도 하지 않았다. 그럼에도 세 분의 불임 환자가 한 달 안에 동시에 임신을 했다. 찾아오는 수많은 불임 환자들이 모두 임신을 했다. 말씀을 받으면 실제가 되는 것이다.

필자에게도 그러했다. 진작 자궁이 다 굳었건만 17년 만에 늦둥이 이삭이를 주셨다. 나와 남편 목사님은 아기를 가질 수 있는 상황이 아니었다.

나의 인생은 기적의 연속이고, 하나님의 이벤트가 너무 많다. 요한복음에 예수의 행하신 일이 낱낱이 기록된다면 이 세상에 기록된 책을 두기에 부족하다고 한 것처럼, 필자도 마찬가지다.

그 이유는 딱 하나라고 생각한다. 말씀을 사모한 것이다. 말씀 하나님을 사모하며 하루도 빠짐없이 성경을 10장씩 20년 넘게 읽었다. 초신자가 사모가 되어 하루에 10장씩 말씀을 읽기만 했는데, 어느 날 하나님이 기름을 부으셔서 영의 눈, 영의 귀가 열렸다.

창세기부터 요한계시록까지 넘나들며 관통이 되고 꿰어지는 것이었다. 이런 은혜가 나에게만 일어나는 것이 아니라 이 책을 읽고 말씀을 사모하시는 독자들에게도 동일하게 일어날 것을 믿는다. 말씀을 사모하면 기적이 일어난다.

예전에 사라세미나를 했을 때였다. 어느 여자 목사님이 발목이 부러졌다. 말씀을 너무 사모하여 양쪽에 목발을 짚고 세미나에 오셨다. 의사가 6개월 동안 꼼짝하지 말라고 했다. 그런데 말씀을 집중하여 듣는 중에 뼈가 붙어버린 것이다. 골절된 지 2주 만에 깁스를 다 풀고, 그 다음 주에 무거운 나무문을 박차고 뛰어 들어왔다.

말씀을 사모하면 기적이 일어난다. 단지 남의 일이 아니다. 내게도 동일하게 일어나는 성령의 역사이다. 세미나 때는 안수를 거의 하지 않는다. 말씀이 선포되는 그때 기적이 일어난 것이다. 말씀이 실제이기 때문이다.

말씀은 목사인 내가 하는 것이 아니다. 나는 그저 통로로, 도구로 쓰임 받을 따름이다. 일어난 모든 기적은 하나님이 직접 하신 것이다. 말씀이 하나님이시기 때문이다.

성령님께서 주시는 말씀을 내가 레마의 말씀으로, 아멘으로, 실제의 말씀으로 받으면 된다. 말씀은 살았고 운동력이 있어 우리의 혼과 영과 관절과 골수를 찔러 쪼개고, 우리의 마음과 생각을 감찰하시는 놀라운 성령의 역사가 일어난다.

한 권사님은 10달 동안 '사라파워 영성세미나'에 마치 목숨을 건 듯 열심을 보이셨다. 세미나의 모든 내용을 녹음해서 필사까지 했다. 권사님에게 미국에서 공부하는 딸이 있었다. 방학 동안 한국에 왔다가 돌아가야 했지만 갑자기 경제적 어려움이 닥쳤다.

그 딸에게 말했다.

"1년 동안 '사라파워 영성세미나'를 들으면 하나님께서 너를 사역자로 귀하게 쓰실 것이니 열 달 동안 이 말씀을 받고 기록해라."

모녀는 '사라파워 영성세미나'에 열심히 참석했고 말씀을 기록하기 시작했다. 그때부터 권사님 가정에 초자연적인 일들이 일어나기 시작했다. 내가 딸을 처음 만났을 때 이렇게 기도해 주었다.

"너를 에스더와 같이 쓰시고 청소년 사역자로 말씀을 전하게 될 것이다."

그때 딸은 대학교 1학년이었고, 게다가 일반 과목을 전공하고 있었다. 사역은 상상도 못했던 일이었다. 결국 지금은 미국의 크고 유명한 교회의 청소년 사역자로 주일 설교까지 하게 되었다.

또한 완전히 바닥을 쳤던 남편의 사업도 하나님께서 초자연적으로 열어주셨다. 남편이 잘 믿지 않던 분인데 지금은 더 열심히 믿음 생활 하고 있다. 필자가 주일 오전 8시에 요한복음 강해설교를 하는데 부부가 2시간 거리에서 달려온다. 하루 종일 예배와 성가대 봉사 하고, 3부에 내가 하는 요한계시록 강해 설교까지 듣고 나면 저녁 6시다. 밤늦게 집으로 돌아간다. 나중 된 자가 먼저 된다는 말씀대로다. 이제는 천국의 기쁨을 누리는 가정이 되었다.

물이 변하여 포도주가 되는 기적들이 가정들마다 일어나기 시작했다. 내 인생과 사역에서 일어난 일들을 간증만 해도 몇 년은 할 수 있을 것이다. 내 생애 초자연적인 일들이 너무 많다.

이러한 초자연적인 역사가 일어나는 것은 이상한 일이 아니다. 특별한 일도 아니다. 말씀을 진리로 생명으로 받은 분들의 삶에는 말씀이 실제가 되는 역사들이 일어난다. 당연한 일이다. 왜냐하면 하나님이 살아계시고, 말씀이 육신이 되어 오신 분이기 때문이다.

우리가 삶에서 그 살아계신 말씀을 받아 말씀과 하나 된다면, 초자연적인 역사는 매일 일어난다. 말씀의 씨를 받아 생명을 잉태하는 신부가 되는 일, 사라의 영성을 지닌 삶은 바로 그런 것이다.

또 한 분이 떠오른다. '사라파워 영성세미나' 말씀을 받고 말씀이 육신이 되어 살고 계시는 목사님이시다.

그분에게 '300용사 세계 선교회' 구국기도방 한 개(온라인 카톡

기도방)를 맡아달라고 부탁해서 팀장님이 되셨다. 세미나의 말씀들을 녹음해서 그것을 밤을 새워 녹취하시는 귀한 분이시다.

그분이 기도방을 맡은 후 세계적인 분들, 미국의 저명인사들이 들어오기 시작했다. 목사님의 기도와 말씀들을 받기 시작하면서 이 기도방에도 생명이 넘친다. 살리는 역사, 응답의 역사들이 일어나기 시작했다. 미국에서, 알라스카에서 헌금과 헌신의 증거가 나타났다. 안 되는 일들이 되고, 막힌 것들이 뚫리고, 닫힌 것들이 열리는 역사들이 일어났다.

이렇듯 '사라파워 영성세미나' 말씀을 통해 말씀이 육신이 되어 사는 분들이 많다. 그들의 삶에서 말씀이 실체가 되는 일들이 수없이 일어나고 있다.

이런 것들을 보며 깨닫는다. 확실히 말씀은 살아 있고 운동력이 있어 삶의 모든 불가능한 일을 가능케 하고 돌파하는 능력이 있다는 것을.

하나님의 말씀을 지식적으로만 받고 끝나면 아무 일도 일어나지 않는다. 말씀을 그대로 살아 내는 삶을, 진리를 행하는 삶을 살아야 한다. 예수 그리스도의 삶을 내가 실제로 살아야 한다. 그럴 때 변화의 역사가 일어나며 기적이 창출된다.

하나님께 집중하라

사도행전의 역사는 실제로 일어난다.

10년 동안 뼈와 신경, 근육이 완전히 굳어서 대소변을 받아내야 했던 목사님이 저녁 집회 때 일어나 걸으셨다. 사도행전 3장에 "은과 금은 내게 없거니와 내게 있는 것으로 네게 주노니 곧 나사렛 예수 그리스도의 이름으로 걸으라"고 베드로가 말했고 "오른손을 잡아 일으키니 뛰어 서서 걸으며 그들과 함께 성전으로 들어가 하나님을 찬미"했다.

솔직히 나는 믿음이 없었다. 사역자들은 그런 분이 오면 부담이 된다. 그러나 우리는 베드로와 성정이 같은 사람들이다. 누구나 기적을 일으킬 수 있다. 왜 그럴까? 예수님이 내 안에 계시기 때문이다. 내게 은이나 금은 없으나, 내 안에 있는 예수 그리스도의 이름으로! 그것을 믿어야 한다.

"내 안에 예수님이 계시다." 그러면 되는 것이다. 그분이 원하시면 일으키시고, 그분이 원하지 않으시면 일으키지 않는 것이다. 내가 하는 것이 아니다.

베드로와 요한이 매일 두 시에 성전에 들어가서 기도했다. 그 앞 은뱅이는 무엇을 얻을까 하고 매일 앉아 있었다. 그러면 진즉에 고 쳐주지 하필 그날일까? 사도행전 3장에 베드로와 요한이 그 사람의 눈을 '주목하여' 보았다고 했다. 하나님이 나를 주목하시는 날이 있 다. 우리는 항상 하나님을 주목해야 된다.

그동안 많은 사역을 해 보았지만, 영성에 있어 가장 중요한 것은 '집중력'이다. 필자가 원고도 없이 몇 시간을 계속 말씀을 풀어낼 수 있는 이유이다. 평소 예수님께 집중하기 때문에 몸에 밴 것이다. 말 씀이 육신이 되는 단계까지 되어야 되는 것이다.

그분이 내 안에 계신다. 내가 다른 생각을 하고 다른 것을 보면, 그분에게 집중할 수 없다. 누구나 가능하다. 다만 그분에게 집중을 하지 않을 따름이다. 공부 잘하는 학생들의 비결은 집중력이다. 그 래서 공부는 엉덩이로 하는 것이라고 하지 않던가.

10년 동안 일어나지 못한 목사님을 위해 하나님께 기도했다.

내 안에 능력이 있어서 "나사렛 예수 이름으로 명하노니 일어나 라"고 하는 순간, 벌떡 일어나면 얼마나 좋을까? 기도할 때마다 소 원했다.

그러나 기적이 우선이 아니다. 일어나고 안 일어나는 것이 중요한 것이 아니다. 나를 향하신 아버지의 계획이 무엇인지, 하나님의 뜻이 무엇인지, 앞으로 내게 어떤 하나님의 역사가 일어날지 그것을 기대하는 것이다. 그것이 중요하다.

"아버지! 여기에 당신이 사랑하시는 종이 있습니다. 지금 이 시간에 이 목사님을 향하신 하나님의 뜻이 무엇인지 알기를 원합니다."

이런 마음가짐과 자세를 가져야 한다. 어떤 경우든 하나님의 뜻이 제일 중요하기 때문이다.

무조건 "이분을 불쌍히 여기시고 고쳐주세요. 일으켜 주세요"가 아니다. 하나님의 타임, 하나님의 때, 아버지의 마음이 어떠한가를 구해야 한다. 우리가 그분을 주목하여 바라보아야 하는 것이다.

목사님을 향해 기도하는 중에 하나님께서 말씀해주셨다. 맺힌 것을 풀어야 된다고 말씀하셨다. 목사님께 귓속말로 전했다.

"목사님! 맺힌 것을 풀어야 됩니다. 목사님을 힘들게 하고, 아프게 하고, 목사님을 어렵게 만드는 모든 사람을 다 용서하세요. 그분을 축복하세요."

목사님이 너무 은혜를 받아, 입술로 고백을 하는 것이었다. 그리고 기도를 이어갔다.

"하나님! 하나님이 목사로 기름 부어 세우셨는데, 10년 가까이 앉은뱅이로 앉아 하나님의 뜻을 이루지 못하고, 그렇게 가시면 되겠습니까? 하나님 한 번 더 기회를 주시옵소서."

그러자 하나님께서 "내가 이 아들에게 한 번 더 기회를 주겠다"고 하셨다.

우리 모두는 하나님의 음성을 들어야 한다. 그분에게 집중해야 한다. 그러면 끝나는 것이다.

그 목사님은 어떻게 되었을까? 하나님의 말씀은 신실하다. 주님의 음성대로 순종하고 일으켰다. 10년 동안 앉은뱅이로 한 번도 걸으신 적이 없는 목사님께서 걸으시는 기적이 일어난 것이다. 할렐루야!

다윗이 왜 하나님의 마음에 합한 자가 되었을까? 다윗은 전쟁할 때마다 항상 하나님께 물었다.

"아버지! 올라갈까요? 말까요? 전쟁을 할까요? 말까요?"

다윗 자신이 통일왕국의 왕이고, 군사와 병사들이 그렇게 많은데 그냥 감행하면 되지 않은가. 그럼에도 먼저 하나님께 구했다.

여호수아 군대가 여리고성 전투는 이겼다. 하지만 아이성은 그러지 못했다. 여리고보다 훨씬 작은 아이성에게 완패를 했다.

왜 그렇게 되었을까? 인간적인 눈으로 보았다. 만만해 보였다. 하나님이 도와주시지 않아도 쉽게 이길 수 있을 줄 알았다. 하나님이 없어도 된다는 영적인 교만에 사로잡혔기 때문이다.

하나님께 집중하고 그분의 뜻을 구할 때 기적은 지금 내 삶에서도 매일 일어난다. 내게 사라 사역을 시키시고 그 일을 이루어 가시는 이는 하나님이시다.

하나님께서는 사라 사역 중에 일어나는 크고 작은 기적으로 매일 나를 확신케 도와주신다.

나의 사랑, 영원히 사모하는 나의 신랑 예수 그리스도시여~

이 책의 말씀을 통하여, 하나님께서 "사라야! 내가 너를 불러 세웠노라!"고 하시는 그 음성을 듣게 하여 주시옵소서.

하나님이 부르시는 음성을 듣고, 다시 한 번 일어나기를 원합니다.

우리 나라, 가정에도, 자녀들에게도 심히 보기 안 좋은 일이 있습니다.

주님, 우리는 주님을 믿습니다. 창조주 하나님을 믿습니다. 전능 주 하나님을 믿습니다. 반드시 보시기에 좋았더라로 만들어 주실 것을 믿습니다.

주여, 이 책의 말씀을 통하여 치유하시고 회복시켜 주시옵소서.

예수 그리스도와 하나 되게 하소서.

신랑으로부터 모든 것을 공급받을 수 있는 놀라운 축복이 임하게 하여 주시옵소서.

사라를 공주에서 열국의 어미로 세워주셔서, 마지막 때 놀라운 추수의 사역자로, 하나님 나라의 열국의 어머니로 세워 주신 것처럼, 이 책을 읽는 독자들이 그렇게 쓰임 받기를 원합니다.

주님께서 사랑하시는 거룩한 신부들의 이름을 불러 주시옵소서.

271

이 책의 말씀을 통하여 하나님의 음성을 듣는 영적 귀가 열리게 하여 주시옵소서.

에바다! 열릴지어다!

이 생명의 말씀, 진리의 말씀을 놓치지 않는 거룩한 신부의 반열에 들어가게 하시고 왕 같은 제사장이 될 수 있도록 하여 주옵소서.

성령으로 인쳐 주시고 무엇보다도 오직 예수 그리스도 말씀을, 지혜와 계시의 영의 이 비밀한 말씀을 사모할 수 있도록 영을 깨워주시옵소서.

이 책을 통하여 예수 그리스도의 기름을 받아 그 향기를 온 사방에 복음의 향기, 진리의 향기, 생명의 향기로 내뿜을 수 있게 하소서.

가장 강렬하고 진한 사랑의 향기를 내뿜어 나를, 가정을, 교회를, 국가를, 열방을 치유하시고 회복하소서.

이 책을 읽는 모든 신부들에게 하나님의 나라가, 영광의 나라가, 빛의 나라가 임하게 하소서.

우리 구주 예수 그리스도의 이름으로 기도드립니다. 아멘!